新中国极简史

1949 至 2019 的年度故事

陈 晋 著

中国青年出版社

作者简介

　　陈晋，原中央文献研究室副主任，中国中共文献研究会副会长兼毛泽东思想生平研究会会长，中国毛泽东诗词研究会会长。长期从事中共党史和毛泽东等中共领袖人物研究。主要著作有：《毛泽东的文化性格》《毛泽东文艺评传》《从五四运动到改革开放》《世纪小平》《毛泽东邓小平江泽民与中国先进文化》《中国共产党一路走来》《速读新时代》《中国道路与文化自信》等；主要影视文献片作品有：《毛泽东》《周恩来》《邓小平》《新中国》《大国崛起》《伟大的历程》《筑梦路上》等。

编者的话

本书为新中国成立 70 周年的极简史。

全书以编年体为形式，以年份主题词为着眼点，以讲故事、述历史为叙述方式，全景式描绘新中国成立 70 周年的伟大历程。

书中突出体现中国共产党领导中国人民建设中国特色社会主义国家的伟大功绩，生动展现了 70 年来中国社会翻天覆地的发展变化，尤其是对近七年来取得的历史性成就，给予了浓墨重彩的描写。

本书运用大量鲜活生动的事例和细节，印证和说明新中国建设、发展的内在逻辑和历史必然。

作者长期从事中共党史和中共领袖人物的研究，对把握新中国 70 年的历史进程和发展走向，具有视野宏阔、站位清晰、评议精到、叙说得当的独特优势。

全书角度新颖独到，形式生动活泼。作者打破常规述史的既定模式，通过个性化的表述，具有强烈的代入感、参与性和感染力。

本书是近年来进行党史、国史教育的一部不可多得的生动教科书。

目 录

1948年11月29日，人民解放军发起平津战役，到1949年1月底，歼敌52万余人，解放城市 39 座。图为天津攻坚战中的我军登城突击组。　　　　钱嗣杰 摄

1949 年
和历史约会

1949 年，世界上诞生了好几个新的国家。英国被迫承认爱尔兰共和国完全独立；印度尼西亚正式脱离荷兰殖民者的统治，成立了印尼联邦共和国；冷战格局下，人们习惯上称为西德、东德的德意志联邦共和国和德意志民主共和国，先后成立。对五千年文明延续不断的中国来说，不用说，这年最大的事件是中华人民共和国的诞生。这些新国家的名称，都有"共和国"三个字。

在中国，走向人民共和国的步伐，曾经迈得格外沉重，当 1949 年到来时，似乎又迈得格外迅速。

新年第一天，无论你在什么地方，属于什么阶层，都会明显地意识到，大变局到来了。

这天，人们从收音机里听到或从报纸上看到一篇《新年文告》，署名的是国民政府总统蒋介石。他掌握这个国家的最高权力已经 22 年了。在这篇元旦文告里，他承认"戡乱"失败，愿意向已经解放长江以北大片领土的中国共产党"求和"，但条件是保存现行的宪法，保存"中华民国"的法统，保存国民党的军队，否则，国民政府势必"周旋到底"。

这天，中国共产党主席毛泽东也发表了一篇新年献词，题目是《将革命进行到底》。这篇文告很有信心地宣布：迎面而来的 1949 年，将是历史上极其重要的一年，人民的解放战争将在这一年获得最后胜利，并且将在全国范围内建立一个人民民主专政的共和国。毛泽东还说，甚至连共产党的敌人，也不怀疑共产党能够完成这个目标。

果然，1 月还没有结束，故都北平就换了颜色。国民党军队华北"剿匪"总司令傅作义将军，率几十万部队宣布和平起义，接受共产党的改编。2 月 3 日，人民解放军在北平举行盛大的入城式。部队分别从永定门和西直门进城，整整走了六个小时。沿途欢迎的人群挥动着小旗，一些青年人跟着坦克跑，往上面贴标语，有的干脆就跳到了坦克上面欢呼。更多的人则扭起了秧歌，唱起了"解放区的天，是明朗的天"。

那时候，如果你是生活在北方的农民，体会这场历史巨变的焦点，应该是土地。东北哈尔滨靠山屯的农民给远在河北省平山县西柏坡村的毛泽东写了这样一封信："这回我们都翻身啦，分了地，眼看到冬天了，你那里很冷吧？给你捎去一件皮大氅，一双靴子……"这封信至今还保存在西柏坡革命纪念馆里。

那时候，如果你是生活在国统区的民众，情绪会更加复杂，有期待，有观望，有痛苦，有彷徨，有不甘，有抗争。2 月间，上海的通货膨胀已达到最高峰，金圆券如同废纸。如果要买东西，就得用麻袋或网兜装钱，还要一路狂奔，因为稍一迟缓，手里的钞票又要贬值许多。5 月 27 日，解放军开进了上海。第二天早上，一位年轻人打开自家大门，看到进城的人民解放军睡在马路边上，不禁感叹："看来，国民党再也回不来了。"这个年轻人就是民族资本家中的标志性人物荣毅仁。几十年后，他成了新中国的国家副主席。

那时候，如果你是人民解放军的一名军官或士兵，你谈论得最多的一句话，会是上级传达的那个口号：打过长江去，解放全中国。1月10日淮海战役结束，1月31日平津战役结束。此后，人民解放军开始在全国范围内呈现出势如破竹的气势。4月，解放军突破国民党军队的千里防线，取得渡江战役的胜利，攻占国民政府首都南京。接着，人民解放军先后向华东、中南、西南和西北大进军。席卷一切的大进军，是1949年大变局的军事神韵。

大变局的政治神韵，是在河北省平山县西柏坡这个普通而宁静的小山村里绽放出来的。解放战争的炮声还没有停歇下来，中国共产党人便在它的最后一个农村指挥部里，勾画起新中国的蓝图。

3月，在中央机关的大食堂里召开了中共七届二中全会，34个中央委员和19个中央候补委员坐的凳子，都是临时凑起来的。毛泽东在会上说：革命的胜利，只是万里长征走完了第一步，只是一出历史长剧中一个短小的序幕。从现在起，开始了由乡村到城市并由城市领导乡村的时期，必须用极大的努力去学会管理城市和建设城市。他还充满信心地宣告：我们不但善于破坏一个旧世界，我们还将善于建设一个新世界。

对蒋介石来说，1949年来得格外痛心和痛苦。1月21日他在南京宣告"引退"，理由是"因故不能视事"，把总统权力交给了来自广西的副总统李宗仁代理。乘飞机离开南京时，蒋介石特意让飞行员绕着南京古城飞了一圈。"无限江山，别时容易见时难。"他心里非常清楚，大陆政权的更迭已不可避免。

其实，蒋介石身边的不少人也失去了信心。就在蒋介石"引退"20天后，他的结拜兄弟、当了20年国民政府考试院院长的戴季陶，吞食大量的安眠药告别了"党国"。在此之前，蒋介石的幕僚长、总统府国策顾问陈布雷即已先行一步。陈布雷和戴季陶，一个被称为"领袖文胆"和"国民党的第一支笔"，一个被称为蒋介石的"第一谋士"和国民党内的大理论家。陈布雷自杀前的最后一句话是"让我安静些"，戴季陶得知陈布雷自杀后，曾痛哭道："我的心已死了。"

在安排后路时，蒋介石在南京宋子文的公馆举行了一次特别的宴会，邀请大部分刚刚由国民政府中央研究院评选出来的院士，劝说他们一起到台湾去。谁都知道，比黄金更值钱的是人才。但是，人心可不像黄金那样容易被默然搬走。当时的国民政府中央研究院院士、数学家苏步青后来回忆说："虽然对共产党没什么认识，对国民党是看透了的，再加上我有几个学生是地下党员，在他们的帮助下，我当然不会到台湾去。"结果，81名院士中，除了一些人选择了海外，只有9位去了台湾，留在大陆的有60人。

8月28日，被国民党称为"国父"的孙中山先生的夫人宋庆龄，乘坐火车到达北平前门车站的时候，她没有想到的是，毛泽东、刘少奇、朱德、周恩来等中共的主要领导人，早已在那里等候，毛泽东还亲自上车迎她下车。这种礼遇，是毛泽东对中共的任何领导人都不曾有过的。此前，毛泽东两次写信，邀请她北上共商建国大计，又派邓颖超专程南下迎接。

宋庆龄到北京时，汇聚北平的各界精英名流中，有1898年戊戌变法的维新志士张元济，1911年引发武昌起义的四川保路运动领导人张澜，民国年间有代表性的政治家、企业家、军事家、教育家和文化人，更比比皆是。资历最深的历史名人，要数年届92岁的洋务运动代表人物、以北洋水师副将之职参加过甲午海战的萨镇冰了。他此前拒绝了蒋介石要他到台湾的邀请，并在福州人民欢迎解放军的文告上欣然签名。因年事太高，不便北来，遂赋诗明志："岁在耄年闻喜讯，壮心忘却鬓如丝"，"群英建国共乘时，此日功成举世知"。这些建国"群英"，挟带近代历史上的各种音符，参

1949年1月31日，北平宣告和平解放。1949年2月3日，人民解放军举行解放北平的入城仪式。图为部队经过前门大街。

钱嗣杰 摄

加历史的约会，出席酝酿已久的各党派和人民团体参加的政治协商筹备会议，共商建国大计。

1949 年 6 月，在北平城中南海勤政殿开幕的政协筹备会，有 23 个党派团体的 134 名代表参加。会议的任务是拟定参加政协的单位及其名额，起草具有临时宪法性质的《共同纲领》和新政协组织条例，制定评选国名、国旗和国歌方案等。总之是要把所有开国的一些大政方针草案准备好，拿到正式会议上去通过。为了区别于 1946 年国民党主导召开的那次政协会议，人们通常把 1949 年 6 月到 9 月的这次会议叫做新政协，后来叫第一届中国人民政治协商会议。那时没有条件召开全国人民代表会议，中国人民政治协商会议事实上是国家的最高权力机构。

一个新的国家就要加入世界的"户籍"当中了，人们开始琢磨为它取个什么名字。考虑到不少民主人士对孙中山创立的"中华民国"还有感情，中国共产党人周恩来建议，在新的国名后面加一个括号，里面写上"中华民国"，意思是"中华人民共和国"也可简称"中华民国"。为此，周恩来专门邀请一些参加过辛亥革命的老前辈征求意见。从保存下来的新政协档案里，人们发现，中国致公党创始人、年过七旬的司徒美堂老人，表示不同意，他说自己十分尊重孙中山先生，但对于"中华民国"这四个字则绝无好感，因为它与民无涉。他希望光明正大地用"中华人民共和国"。

在讨论和修改《共同纲领》草案时，那可真叫字斟句酌。关于新国家的性质，开始有人提议直接提社会主义，多数人还是觉得提新民主主义的好，因为前途虽然已经肯定了，但还要让实践来证明，让全国人民真正认识到这一点，才会更加郑重地对待社会主义。这个意见被会议采纳，于是《共同纲领》规定，新的国家"为新民主主义即人民民主主义国家"。

与此相应，新国家包括五种经济成分：国营经济、合作社经济、个体经济、私人资本主义经济、国家资本主义经济。各种社会经济成分在国营经济领导下"分工合作,各得其所"。基本的经济政策是"公私兼顾,劳资两利,城乡互助,内外交流"。会议决定国都定于北平,北平改名为北京;纪年采用公元;在中华人民共和国国歌未正式制定前,以《义勇军进行曲》为国歌;国旗为五星红旗。

最为引人注目的是国家领导人的选举和"内阁"人员的安排。中国人民政治协商会议第一届全体会议选举毛泽东为中央人民政府主席,朱德、刘少奇、宋庆龄、张澜、李济深、高岗为副主席,副主席中3位共产党人,3位民主人士。周恩来被任命为政务院总理。4位政务院副总理中有两位是民主人士,21位政务委员中有9位是民主人士,105个部长和副部长职位中,民主人士占了49个。

正当北平在紧张地筹建新中国时,美国却陷入了争吵,国会议员们纷纷质问,是谁丢掉了中国。第二次世界大战后,美国把中国当作自己的势力范围,援助30亿美元和最先进的武器帮蒋介石政府打内战,依然没能挽救走下坡路的国民党政府。为了维护美国在华的战略利益,6、7月间,美国驻华大使司徒雷登秘密和中国共产党接触,打算北上和未来的新中国领导人见面,但遭到了美国政府的拒绝。8月2日,司徒雷登悄悄地离开了中国。3天后,美国政府发表《美国与中国的关系》白皮书,声称根据现实的情况,估量未来的中国,美国所能走的唯一的另一条道路,是为已经失去民心的国民党政府,进行全面的干涉。对此,毛泽东的回应是:"司徒雷登走了,白皮书来了,很好,很好。这两件事都是值得庆贺的。"

1949年9月21日,中国人民政治协商会议第一届全体会议正式开幕了。毛泽东在开幕词中说的一句"占人类总数四分之一的中国人从此站立起来了",最为经典地诠释了1949年大变局的主题。

1949 年 9 月 30 日下午 6 点，中国人民政治协商会议第一届全体会议结束后，筹建开国盛事的人们做的第一件事情是，到天安门广场参加人民英雄纪念碑的奠基仪式。毛泽东题写的碑文，祭奠和告慰 3 年以来、30 年以来和 1840 年以来，"为了反对内外敌人，争取民族独立和人民自由幸福，在历次斗争中牺牲的人民英雄们"。这个碑文，点出了这场大变局所蕴含的沉甸甸的历史内涵。中国共产党领导的新民主主义革命，牺牲的人无法完全统计，后来被确认为英雄烈士的，有名有姓的达到 193 万人。

和历史约会的人们，在 1949 年 10 月 1 日那天登上了天安门城楼。当时的经典画面，后来反复在影视作品里出现，我们已不陌生。1999 年新中国成立 50 周年的时候，一部叫《新中国》的电视纪录片配着这些画面有这样的解说："九州方圆，华夏风云，都汇聚到这个地方。千载岁月，百年奋斗，才迎来了这个时刻。曾经沧海，大浪淘沙，历史的洪流选择了这些人物。"

那时候的中国人，无论在什么地方，都会有一种特别的感受，特别的举动。半个世纪前戊戌变法领袖梁启超的儿子梁思礼，那天正在回国途中的一艘叫"克利夫兰总统号"的海船上。他后来回忆说："我因为是学无线电的，有一个比较好的收音机。那会儿已经知道，10 月 1 号要宣布成立新中国，我就爬到比较高的地方，把天线接上，然后听新中国的广播。听到毛主席宣布新中国成立啦！还听到新中国的五星红旗升起来了。船上所有进步同学都欢欣鼓舞，就说应该开个庆祝会。当时只听到是五星红旗，到底五个星是怎么个放法谁也不知道，只好根据我们自己的想象，拿一块红布，然后剪了五颗星，也知道有一个大星，四个小星，结果把一个大星就放在中央，然后四个小星放在四个角，这就是我们当时心目中的五星红旗。当时的新中国，像一个巨大的磁铁一样吸引着我们这些国外的游子。"

凑巧的是，10 月 1 日那天，被国民党关在重庆渣滓洞的革命志士，也按自己的想象，做了一面五星红旗，以此来庆祝一个新国家的诞生。不到两个月，他们牺牲了，倒在了新中国的门槛。

1949年12月，新生政权通令全国，正式宣布，属于所有中国人的节日有元旦、春节、五一劳动节、十一国庆节；属于部分人民的节日有三八妇女节、五四青年节、六一儿童节、八一建军节。在中国人的感受中，标志性的变局由此实现，人们称之为新纪元。

1949 年 10 月 1 日，毛泽东主席在天安门城楼上庄严宣告中华人民共和国成立。

侯 波 摄

1950年
告 别

就像人们预料的那样，新中国在第一个新年里做的大事，是向过去告别。

告别是从进军开始的。人民解放军继续向华南、西南进军，以雷霆万钧之势扫荡残敌，先后解放了南端的海南岛和西部重镇昌都，一举打开挺进西藏的大门。西藏地方政府和中央谈判，西藏全境于次年实现和平解放。中国大陆从此告别一盘散沙的分裂局面，实现完全统一。

中国共产党拿到了天下，但他们拿到的是什么样的天下呢？毛泽东当时说了八个字："大难甫平，民生憔悴。"满目疮痍的中国，是当时世界上最贫穷的国家之一。根据联合国"亚洲及太平洋社会委员会"的统计，中国1949年人均国民收入27美元，不足整个亚洲平均44美元的三分之二，不足印度57美元的一半。

更要命的是，投机商囤积大量粮米、棉花和煤炭，先后导致四次全国性物价大波动。混乱的经济局面让人心发慌，关于共产党"军事100分、政治80分、经济0分"的说法在上海不胫而走。中央政府悄悄从东北、四川等地调运大批粮食和棉花到各大城市，一出手，顿时让待价而沽的投机商吃了个哑巴亏。这年 3 月，全国物价趋向稳定，财政收支接近平衡，由此告别了国民党长期没有解决的恶性通货膨胀和物价飞涨的历史。

告别过去并不容易。在大变局面前，不少资本家或观望或失望，有的离开了上海等大城市。许多工厂商店关门歇业，大批工人失业。怎么办？6 月上旬，中共中央召开进城后的第一次中央全会，制定了巩固财经统一制度，改善劳资关系，调整税收，搞活工商业，救济失业者，开展土地改革等政策。一句话，就是争取国家财政经济状况基本好转。看来，中国共产党的工作重心，确实告别了过去，发生了从打天下到治天下的重大转变。

向过去告别，还有许多旧账要理。7 月，政府公开收兑散存在民间的 1930 年代以中华苏维埃共和国的名义发行的纸币，收兑价格按当时纸币 12 元换一块银圆，再折合为人民币来计算。此举让老根据地的人们感受到，中国共产党当初搞革命，说话真的算数。

最大的旧账，是帝国列强们欠的。新中国一成立，就宣布了"另起炉灶""打扫屋子，再请客人"和"一边倒"的外交方针，于是人们在 1950 年接连看到这样一些消息：不仅驻扎在中国大陆地区的外国武装力量被迫全部撤走，西方列强原来在中国享有的兵营地产、内河航行、海关管理、领事裁判等各种特权都被一一取消了。了结是为了开新。2 月，中国和苏联两国政府在莫斯科签订了《中苏友好同盟互助条约》，以代替国民政府此前同苏联签订的《中苏友好同盟条约》，两国政府还签订了苏联移交长春铁路、放弃在旅顺口和大连特权的协定。

经历大变局后，普通人最关心的还是自己的日子怎么过。渐渐地，对那些渴望改变现状的人来说，他们的日子果然开始向过去的模样告别。

流离失所的游民和乞丐，开始被政府收容安置。2 月，面对 4000 多万遭受饥荒和洪水袭击的灾民，中央政府成立了救灾委员会专门负责救济。

对居住在北京天桥附近龙须沟旁边的贫民来说，感受最深的，是他们告别了臭气熏天、蚊蝇丛生的居住环境。作家老舍在《龙须沟》中借用大杂院里市民的话说：人民政府真是咱们穷人自个儿的政府，王府井大街不修，西单牌楼不修，先给咱们来修这条几十年没人管过的臭沟。

清理旧社会留下的一些顽疾，1950 年的新中国更是雷厉风行。

人民解放军投入 150 万兵力，进入各地边远乡村和深山老林，去剿灭匪患；

在北方，则取缔了各种封建迷信的会道门组织，仅山西一省就有 8 万多群众退出各种会道门，北京则逮捕了 100 多名一贯道骨干；

对那些吸食鸦片烟毒的瘾君子来说，似乎格外痛苦，因为政府通令严禁鸦片毒品，收缴烟土毒品，禁绝鸦片种植，制贩烟毒者从严治罪；

烟花柳巷里的娼妓，曾经是司空见惯的职业，也被挡在了新社会门槛的外面。全国各大城市下令封闭妓院，政府还专门成立妇女生产教养院，让旧社会里被迫卖身的人们获得新生。

对妇女们来说，最大的告别，是 5 月 1 日颁布实施了《婚姻法》。这部新中国的第一部法律，废除了延续几千年的封建包办婚姻和一夫多妻制，推行自由恋爱和男女平等。恩格斯说过，妇女解放是衡量社会进步的尺度。妇女地位的空前转变，使"解放"的内涵延伸到了社会细胞之中。不少妇女因为对婚姻不满，受到虐待，要求离婚。那些还没有结婚的青年男女，最喜欢看的小说，是赵树理的中篇小说《登记》《小二黑结婚》；最喜欢看的戏曲，是评剧《刘巧儿》。《刘巧儿》里一段唱词，表达了青年男女对爱情和幸福的重新理解："从那天看见他我心里头放不下呀，因此上我偷偷地就爱上他呀。但愿这个年轻的人哪他也把我爱呀。过了门，他劳动，我生产，又织布，纺棉花。我们学文化，他帮助我，我帮助他，做一对模范夫妻立业成家呀。"

对农民来说，最大的告别，是 6 月颁布实施《中华人民共和国土地改革法》开始的土地改革。废除封建土地制度，把土地分给无地或少地的农民，是新民主主义革命最后一项历史任务。

与土地改革相伴的，是划分阶级成分。这件事让湖南韶山的农会主席兼乡长作了难。按原有财产，毛泽东家里应划富农，但把富农的成分划在革命领袖身上又于心不安。于是他给毛泽东写了封信，只字不提划成分的事，只说搞土改了，韶山一带初步推算人均可分九分三左右的田地，不知主席一家有几口人分田地？毛泽东一看就明白了，特地让人转达三条意见：所有财产分给农民；自己家划分为富农，则无旁议；照政策办事，人民会相信政府。

对所有的中国人来说，这年最大的告别，是从 10 月 19 日那天傍晚开始的。

6 月间朝鲜战争爆发后，美国海军第七舰队立即封锁台湾海峡，打断了中国人完成国家统一的进程。随后，以美国为首的"联合国军"在朝鲜半岛登陆，很快越过三八线，把战火烧到鸭绿江边，美国飞机还一再侵犯我东北领空，投掷炸弹，扔下传播瘟疫的细菌弹。为保家卫国，中国政府决定抗美援朝，几十万中国人民志愿军 10 月 19 日跨过了鸭绿江。担任中国人民志愿军司令员的彭德怀，稍后说了这样一句话："西方侵略者几百年来只要在东方一个海岸架起几尊大炮，就可霸占一个国家的时代是一去不复返了。"

当然，这也是一场艰难的告别，告别故土的志愿军官兵，许多人再也没有回来。其中就有毛泽东的儿子毛岸英。他在跨过鸭绿江一个多月后便牺牲了，没有活到 1951 年。

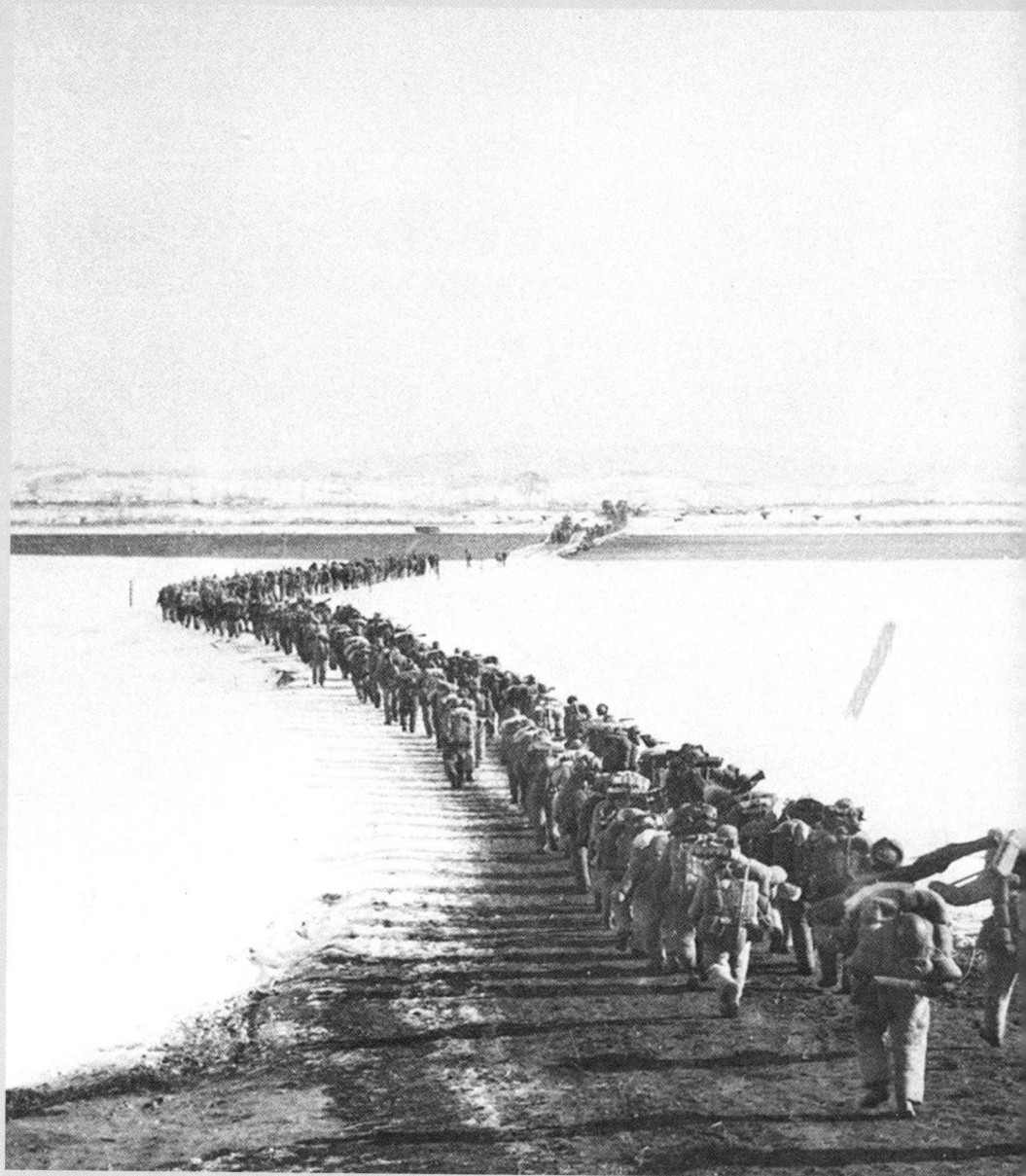

1950 年 10 月 19 日，中国人民志愿军跨过鸭绿江与朝鲜民主主义人民共和国军民并肩战斗，抗击美国侵略者。

新华社 供稿

1951 年
"边打" 与 "边建"

1951 年，新中国的施政方针，就六个字："边打，边稳，边建。"社会面貌则可以概括为两句话：一边打抗美援朝战争，一边恢复经济搞建设。

新年是从一份战争捷报开始的。1 月 4 日，从抗美援朝前线传来消息，中朝军队联手作战，打过三八线，还光复了汉城。从 1950 年 10 月 25 日到 1951 年 5 月，我方连续发起五次战役，一举扭转朝鲜战局，由美国等 16 个国家组成的所谓"联合国军"，被迫南撤，战线长期稳定在"三八线"南北。

7 月，美国不得不答应谈判。首轮谈判开始时，双方在划分军事分界线的问题上僵持不下，现场竟出现两个多小时的静默，成为世界谈判史上的一大奇观。美国方面的代表说，那就让炸弹和大炮去辩论吧。消息传回国内，毛泽东的回答是："他们要打多久，就打多久，一直打到完全胜利。"

百废待兴的新中国，面对的是世界上头号经济军事强国和庞大的西方阵营。1950 年，美国钢产量达到 8700 万吨，而中国只有 61 万吨。那时候，人们把大炮叫做"战争之王"，但志愿军一个军只有 31 门大炮，而美国的一个军却有 1500 多门。这是一场力量对比极其悬殊，但又不得不打的"立国之战"。中国人的意志遭受最严峻的考验。

在接下来的打打谈谈的中美"对话"中，1952 年 10 月在朝鲜金化郡五圣山南麓爆发的上甘岭战役，持续鏖战 43 天，战斗惨烈程度世所罕见。美军调集大炮、坦克、飞机，向我志愿军两个连据守的约 3.7 平方公里的阵地上，倾泻炮弹 190 余万发，炸弹 5000 余枚，阵地上所有草木荡然无存，山头被打成半米多深的焦土。我军击退敌人 900 多次冲锋而岿然不动。在志愿军 15 军 135 团 7 连的坑道里，战士们已经 7 天没有水喝了，只好用自己解下的小便止渴。运输员刘明生把在路上捡到的两个苹果送给连长张计发时，张连长将苹果给了步话员，步话员又传给了重伤员。苹果在坑道里传了一遍，又完整地回到张连长手中。战斗结束时，这个有 160 人的连队，只剩下十几个人。

在抗美援朝前线，这样的故事还有很多，包括舍身堵敌人机枪眼的黄继光、为了不暴露部队潜伏位置、宁可自己被烧死也不挪动身体的邱少云、手持爆破筒和敌人同归于尽的杨根思，等等。

赶赴前线采访的作家魏巍，这年 4 月发表《谁是最可爱的人》。这篇文章，至今还被选进一些中学课本。新中国的几代人，都把自己对朝鲜战争的感受，把一个民族的尊严，把一个民族的和平愿望，浓缩进了这篇报告文学，浓缩进了稍后出现的《英雄儿女》和《上甘岭》这样的电影，浓缩进了"风烟滚滚唱英雄"和"一条大河波浪宽"这样的歌声……

所有中国人的爱国热情，都被奇迹般地调动起来。"抗美援朝，保家卫国"，成为一个家喻户晓的口号。不同的行业，不同的职业，不同的面孔，把"边打边建"的顶层决策，化作了一场"爱国主义生产竞赛运动"。

人们加班加点地工作，把增产增收的东西捐献成飞机大炮，源源不断地送往前线。北京石景山钢铁厂的职工，通过增加产量、捡废铁、捐奖金等办法，捐献了一架"石景山钢铁厂号"；甘肃玉门油矿的职工，在8天内用增产所得捐献了一架"石油工人号"；四川简阳县的棉农们发起"一斤棉"捐献运动，在两个月内捐献了两架"棉农号"。中小学生们也通过放学后捡粮食、打柴火换来的零钱，捐献了"儿童号"和"中国少年先锋号"。一些资本家也捐出了他们的爱国心，捐献最多的是著名的荣氏家族，捐出7架飞机。连青海塔尔寺的僧人，也出现在了爱国捐款的队伍里。

据抗美援朝总会的数据，他们组织的捐款，就达到55656多亿元（旧币），折合成战斗机3710架。

一人捐献了一架飞机的豫剧演员常香玉，还去朝鲜前线慰问演出，为战士们带去这年创作的《花木兰》。其中的唱词，"刘大哥讲话理太偏，谁说女子享清闲，男子打仗到边关，女子纺织在家园……"火遍中国，流传至今。

"打仗当英雄，劳动做模范"，成为一代人追求的时尚。前线和祖国，架起一座世界上最为厚实的精神桥梁。

1月17日，东北齐齐哈尔机床厂马恒昌小组，向全国工人提出竞赛。此前他们改进了15种工具，创造了25项新纪录。到3月底的不完全统计，全国参加竞赛的厂矿单位有2810个，参加竞赛的职工人数有223.2万人。

国营青岛第六棉纺织厂细纱值车女工郝建秀，创造了一套工作法，减少细纱机的断头，缩短断头的延续时间，使皮辊花率达到30.25%，值车能力由300锭逐渐提高到600锭。经总结、提高，"郝建秀工作法"在全行业推广运用。郝建秀后来被政府先后送到工农速成中学和华东纺织工学院学习深造。

大规模兴修水利的"战争"，也在这年拉开帷幕。上一年淮河流域发大水，受灾的耕地面积达到 4350 万亩，受灾人口 1300 多万。为根治淮河水患，中央政府投入巨资，建设大规模导淮工程。1951 年 5 月，毛泽东题词："一定要把淮河修好。"在淮河流域的几千里堤防上，先后有上千万民工，打响了新中国改造大自然的第一场大规模战役。

在热火朝天的工地上，传唱着各式各样的"治淮歌"。其中一首唱道："长江北，黄河南，淮河弯弯在中间，穿过无边的大平原。淮河要修好，不怕旱涝年，守牢大河湾，人人吃饱饭……"还有一首唱道："一劝我的郎，治淮要记清，你不要把那家中的事，常挂在心。虽然是阿公婆年纪高迈，春耕和生产，有我来照应……"

8 月，历时 9 个月的根治淮河第一期工程完成了。与此同时，长江中游的荆江险段，著名的荆江分洪工程建设也进入了关键时刻。到 1952 年，全国有两千多万人参加水利建设，相当于修了 10 条巴拿马运河、23 条苏伊士运河。

思想文化领域的建设，人们这年记忆深刻的，是对电影《武训传》的讨论和批判，主要是因为这部片子涉及怎样看中国近代的历史人物和中国农民的出路问题。还有，丁玲的《太阳照在桑干河上》、周立波的《暴风骤雨》这两部长篇小说，以及歌剧《白毛女》，获得斯大林文学奖。当时的中国人，把这个奖项看得很高。有意思的是，这些作品，都反映了中国农民与土地的关系，配合了正在走向深入的土地改革运动。

1952 年
重整河山

1 月，人们从《人民日报》上读到一则消息：中央人民政府贸易部去年向苏联订购防治口蹄疫药品，把"三吨"误写成"三百吨"，层层审批，竟没有哪个官员发现有误，结果多买了 297 吨。官僚主义造成这样的浪费，着实惊人。

看来，治理国家，重整河山，不是件容易的事。其难处不只进城后迅速滋生的官僚主义现象，更在于一些党员干部掌权后的人生下沉得让人触目惊心。1 月的《人民日报》还披露了这样一些现象：出卖财政情报，造假报告、假单据虚报领取甚至公然盗取国家资财，利用职权收受贿赂或吃"回扣"，包庇走私和漏税偷税，挪用公款公物从中牟利，克扣下级、欺瞒上级，挪用事业费充作机关开支，等等。

从 1 月起，中央政府甩出重整河山的重拳，在全国范围内展开反贪污、反浪费、反官僚主义的"三反"运动。人们至今最熟悉的案例，莫过于原天津地委书记刘青山、地区专员张子善的贪污腐败。他们曾经是出生入死的红小鬼、老革命，却利用职权，盗用飞机场建筑款、救济水灾贷款、干部家属救济粮，克扣民工供应粮及骗取银行贷款等，总计达 171 多亿元（旧币，相当于新币 171 多万元），用于经营他们秘密掌握的"机关生产"。这年 2 月，二人被判处死刑，给那些为创建新中国立下功劳的人，造成空前震动。打"老虎"一时成为"三反"运动的代名词。

与此同时，工商界一些不法业主做的事情也让人头痛。诸如，有不法奸商用腐烂棉花做成"救急包"，高价卖给在抗美援朝前线作战的志愿军；有的用坏牛肉做成罐头，用发霉的面粉做成饼干；还有不少人拉拢腐蚀干部以牟取不当利益，或者不法经营、偷税漏税。于是，和"三反"运动同时展开的，是在工商界进行的反对行贿、偷税漏税、偷工减料、盗骗国家财产、盗窃国家经济情报的运动，人们称之为"五反"。具体做法是把工商企业划分为守法户、基本守法户、半守法户、严重违法户、完全违法户 5 类，给予不同处理。到 6 月底"五反"运动结束时，这 5 类情况分别占 10%-15%、50%-60%、25%-30%、4%，划成完全违法户受到严惩的占 1%。

该说说占人口绝大多数的农民了。迈进新中国的门槛，要数他们的变化最大；重整河山的故事，要数他们身上最多。他们的故事，无论是昨天还是今天，都是从土地这一命根子引出来的。

年底，历时两年多的全国新解放区土地改革基本完成。能拥有一份土地，在自己的土地上耕种收获、生老病死，是农民追寻了几千年的梦想。新中国帮助他们实现了这个生生不息的梦想。土地被重新丈量，3 亿多无地和少地的农民，分得了 7 亿多亩土地和相应的生产资料。安徽省凤阳县这年的《姚湾乡颁发土地证的工作报告》记载："发证以村为单位召开村民会（地主不参加），举行发证仪式，宣传旧契作废。土地证是合法的契约，在发土地房屋所有证的时候，群众情绪高昂。世子坟村干部捧出土地证时，群众鼓掌达 10 分钟。十里铺农民领证时主动向毛主席像鞠躬，贫农方桂文说：

'大红契到手，土地到家，真翻了身！'"有的农民高兴地把自己的名字写在木牌上，深深地砸进属于自己的地界里，仿佛要硬生生地砸出生活的全部希望。1952 年，全国的粮食产量超过了新中国成立前最高的年产量。

新中国成立的时候，有 80% 的中国人不识字，人们称之为文盲。重整他们的知识和文化河山，成为当务之急。大规模的扫盲运动从这年开始。在扫盲过程中，西南军区某部文化教员祁建华，创造了"速成识字法"，可使文盲和识字不多的人，通过约 150 个小时的学习，能认识 1500 至 2000 个汉字。许多在旧中国没有上过学的人，都是在扫盲运动中开始睁开知识和文化的"双眼"，看清被重整的河山。

思想文化界的重整河山，也有举措。新中国成立时候，被称为知识分子的人约有 200 万，占全国人口总数的 0.37%。其中大学毕业有几年工作经验的高级知识分子，当时估计约有 10 万人。知识界这年的一件大事，是开展学习教育运动，目的是加强马克思主义的指导地位，消除帝国主义、封建主义的思想影响。学习方式是听报告，读文件，联系本人思想和单位实际，开展批评与自我批评。知识分子们把这样的思想经历比喻为"洗澡"。

与此同时，中国高等教育结构也在重整河山。全国高等学校进行大规模调整，合并或分拆了一些高校。比如，过去人们熟悉的燕京大学分拆后，它的文科和理科院系并入了北京大学，工科院系并入了清华大学。这次整合，奠定了中国高等教育的基本格局。

对四川人来说，重整河山的感受来得格外深刻。一条早在 1910 年就想修建的铁路，在 7 月 1 日那天通车了。建成全长 505 公里的成渝铁路，结束了四川没有铁路的历史，把成都和重庆这两个西南重镇紧紧连在了一起。通车那天，沿途出现的，是四川老百姓期待了近半个世纪的欢呼。

神州河山，就这样被重新收拾了一遍。其实，从新中国成立到 1952 年，整整三年的时间，国家生活的一个主题，就是重整河山，用标准的语言来说，叫国民经济恢复时期。1952 年，成为新中国第一个财政收支平衡年度。收支平衡、经济恢复与物价稳定，标志着恢复国民经济的目标已经实现。

　　据后来统计，1952 年，全国人均消费 76 元，其中农民 62 元、非农业居民 148 元，人均消费粮食 197.67 公斤。变化确实很大。但工业品的生产和消费，则不免尴尬，每百人平均拥有手表只有 0.07 只、自行车 0.06 辆、缝纫机 0.02 架。

1953年
大工业梦想

　　一个没有现代工业的国家，是永远强大不起来的。1953年第一天到来的时候，新中国前行的脚步出现新的音符。《人民日报》这天的社论，出现了一个新名词"第一个五年计划"，还说，"工业化——这是我国人民百年来梦寐以求的理想"。

　　1953年，中央宣布要向社会主义过渡，意思是：从中华人民共和国成立到社会主义改造基本完成，这是一个过渡时期。党在这个过渡时期的总路线和总任务，是要在一个相当长的时期内，逐步实现国家的社会主义工业化，并逐步实现国家对农业、手工业、资本主义工商业的社会主义改造。

　　当时中国人的理解，其实也很简单，叫做"一化三改"，主体内容就是工业化。1953年成为开始大规模工业建设的第一年。要实施的第一个五年计划，有156个重点建设项目，包括钢铁、煤炭、炼油、机械、飞机、汽车、发电各个行业。这些项目建成后将奠定新中国的工业基础。

　　7月，中国的第一个汽车制造基地在长春举行奠基仪式，人们把毛泽东题写的"第一汽车制造厂奠基纪念"几个字刻在汉白玉基石上面，植入一片荒凉的黑土地里。

鞍山钢铁公司是新中国成立时最大的钢铁厂。当时是一片废墟，日本人走的时候断言，今后的鞍钢只有种高粱了，要恢复生产，必须要 20 年的时间。然而，江山易手，情况便是两样。鞍钢不仅很快恢复了生产，1953 年还新建了无缝钢管厂、大型轧钢厂和七号高炉，生产出中国历史上第一根无缝钢管。

随着鞍钢一道出名的还有位劳动模范，他的名字叫孟泰。他凭着朴素的劳动经验，把认为有用的东西收集起来，放在炼铁厂的简易房里，逐步建起了一个"孟泰仓库"。

劳动者就是主人公，主人公就是劳动者。北京永定机械厂钳工倪志福，这年接到高锰钢加工打眼任务。用传统的"标准钻头"要钻半天才能打通一个眼，而且一天要烧坏 12 根钻头，于是他反复琢磨，发明了一种省时省料的三个尖七个刃的新钻头，人们把它叫做"倪志福钻头"。

国营的多数企业建立了比较合理的工资等级制度。这年工人实际工资所得，平均为每月 56 万元（旧币，相当于新币 56 元）。

工业建设需要人才。从 1953 年开始，高等学校毕业生实行统一分配制度，叫做"集中使用，重点配备"。于是，暑期毕业的 34985 人大多分配给了工业和交通系统，有 5700 多人留在高等学校当助教或读研究生。

对老百姓来说，工业化意味着繁荣、富强和幸福。但怎样去干，事实上很陌生。于是，被称为"老大哥"的苏联专家来了。他们带来技术和设备，手把手地教一些昨天还是农民的青年工人怎样操作机床。

学习俄语和苏联文化成为时髦。电影院里放的是苏联的电影，书店里摆满了苏联的书籍，几乎每一个青年学生都读过《钢铁是怎样炼成的》，几乎每个少年都熟悉《卓娅和舒拉的故事》，几乎每个城里人都会唱几首《莫斯科郊外的晚上》这样的歌曲。人们真诚地相信，苏联就是大工业的榜样。苏联的今天，就是中国的明天。3月5日，苏联部长会议主席、苏共中央书记斯大林逝世，毛泽东、朱德、周恩来等前往苏联驻中国大使馆哀悼。

过渡时期总路线提出来后，农业支援工业的势头很猛。1953年的一个统计很有意思，从1951年至1953年三年内，中国丝绸公司华东区公司运销国外的生丝，换回大量机器、钢材、燃料及化工原料。如果把这些工业用品都换算成钢轨，估计可以筑成十多条成渝铁路。

农村的生产方式也开始发生变化。分得土地的人们成立大量临时性或季节性的互助组。新中国成立前分得土地的地方，开始推广长年互助组，甚至组建起以土地入股的农业生产合作社。

历时三年的抗美援朝战争也结束了。7月27日朝鲜停战协定在板门店正式签署。最终代表"联合国军"在协定上签字的，是美军上将克拉克。他沮丧地说：我是美国历史上第一个在没有取得胜利的停战协定上签字的司令官。这场战争牺牲了近二十万中华儿女，其中有大约两万人至今长眠在异国的土地上。在这年召开的全国妇女大会上，毛泽东见到了用身体堵枪眼的黄继光烈士的母亲邓芳芝。一位是父亲，一位是母亲；一位是领袖，一位是农村老大娘。他们都在朝鲜战场上失去了自己的儿子。他们承受着共同的悲伤，也拥有共同的骄傲。

1953 年 7 月 27 日上午 10 时（朝鲜时间），朝鲜停战协定及其临时补充协议在板门店签订。

钱嗣杰　摄

1954 年
秩 序

新中国成立时政治协商会议通过的《共同纲领》，起着临时宪法的作用，第一届中国人民政治协商会议也一直代行还没有产生的全国人民代表大会的职权。按规定，1954 年就该到期了。

由此，1954 年迎来的，是中国社会各方面的秩序建构。

为了构建秩序，先要摸清"家底"。新中国这年进行了第一次人口普查，截至 6 月 30 日 24 时，中国大陆人口总数是 601912371 人。这是中国有史以来获得的第一个比较准确的人口数字。

最大的政治秩序建构，是全国各地举行的规模空前的人民代表选举。根据《选举法》，凡年满 18 岁的中国公民，均有选举权和被选举权。这对普通老百姓来说是件新鲜事，人们在选举中学到了两个道理："只有民主，才能办好一切事情"，"民主权如同生命一样的可贵"。不少农民把选民证和土地证放在一起，锁进箱子或放在镜框里。这年，全国各地从 500 多万各级人民代表中，选出 1226 位全国人民代表大会的代表。

9 月召开的一届全国人大一次会议，通过了毛泽东主持起草的新中国

第一部《宪法》。《宪法》规定："中华人民共和国的一切权力属于人民。人民行使权力的机关是全国人民代表大会和地方各级人民代表大会。""中华人民共和国全国人民代表大会是最高国家权力机关。"代表们选举毛泽东为国家主席，朱德为副主席，刘少奇为全国人大常委会委员长，宋庆龄等 13 人为副委员长，决定周恩来为国务院总理。

经济生活领域构建的最大秩序，莫过于粮食和棉布供应的票证制度了。随着大工业建设的开始，城镇人口急剧增加，农业人口的粮食消费也不断提高，使 1954 年上半年粮食供应缺口达到 227 亿斤。用什么办法解决呢？主管经济工作的副总理陈云面临两难选择。如果强行从农民手里把粮食足额征上来，农民不干；如果不征上来，势必导致物价飞涨，市场混乱。最后决定搞"征购配售"。担任粮食部长的党外人士章乃器建议，把"配售"改为"计划供应"，把"征购"改为"计划收购"，简称"统购统销"。这个办法还真灵，比较顺利地稳定了粮食供应。这项在短缺经济下保障人民基本生活的举措，从此在中国大陆实行了 40 年。

伴随统购统销出现的是凭票供应。10 月开始实行布票制度，全国每人每年 1.6 丈至 1.9 丈，遇婚丧嫁娶可补助一定数量的布票。翻过年去，城镇居民口粮供应标准也出来了，每人每月大致在 30 斤左右，根据职业、工种有所差别，从事繁重体力劳动的多一点，炼钢工人的基本口粮加上工种粮是 45 斤，煤矿工人最高定量可到 57 斤。粮食部门按月发放当地粮票并由指定粮店供应。从 1960 年起，如果出门办事，在本地区用地方粮票可进饭馆吃饭，跨地区则必须用全国通用粮票。对生活品实行票证制度，今天的年轻人已经很陌生了。其实，这是物质短缺时代的普遍现象，许多西方国家在二战时期都搞过。

全国的行政领导体制和行政区划，也发生了重要变化。新中国成立时，在中央政府和各省、直辖市之间，设立的东北、华北、西北、华东、中南、西南六个行政大区的建制,这年被取消了。同时还相应合并了一些省份,比如,东北地区曾经被划分为九个省,合并成了三个省;四川省内,曾设有川北、川南等相当于省级建制的行政区,也相应撤销;原来在山东、河南之间还设有一个平原省,也撤销了。

在城镇,开始建立起街道居民委员会。作为最基层组织,它主要负责人民调解、治安保卫、公共卫生等方面的事情。这一制度延续到今天,成为中国基层民主自治制度的基本形态。

在农村,由于组织起来办合作社的地方多了,国务院颁布农业生产合作社的示范章程,对农业生产合作社的土地及生产资料、生产组织、劳动纪律、劳动报酬、财务管理、管理机构等诸多问题,分别做了规定和说明。

在工厂,则改变过去在国营工矿企业实行的党委领导下的厂长负责制,转而实行厂长负责制,并建立起厂长——车间主任——工段长的三级负责制度。一线工人实行岗位责任制。

在思想文化领域,两位年轻人用历史唯物主义观点写的研究《红楼梦》的文章,引发对《红楼梦》研究中"资产阶级唯心论倾向"的批判,并延伸到对五四新文化运动以来思想文化领域泰斗级人物胡适思想的批判。著名诗人和文艺理论家胡风上报中央一份 30 万字的《关于几年来文艺实践情况的报告》,在下一年引出一场胡风文艺思想的批判运动,胡风以及和他的观点相近的一些人,也从宗派集团成了"反革命集团"。

在西部,新建的青藏公路和康藏公路正式通车。这两条公路把内地和辽阔的西部紧紧地连在了一起。与此同时,新疆部分解放军官兵由作战部队改为生产建设部队,承担屯垦戍边任务。他们在塔克拉玛干和古尔班通古特大沙漠边缘的亘古荒原上,在绵延 2000 多公里的边境沿线,开垦土地,兴修水利，发展工业，掀起一场大生产运动。

在国家关系上看，中国做了两件构建秩序的大事。4月，中国和印度签订《关于中国西藏地方和印度之间的通商和交通协定》，文件中正式写入周恩来提出来的"和平共处五项原则"，即：互相尊重领土主权、互不侵犯、互不干涉内政、平等互惠、和平共处。这五项原则随即成为中国处理国际关系的基本准则。

周恩来这年还率中国代表团到瑞士日内瓦，参加和平解决朝鲜问题和恢复印度支那和平问题的国际会议。这是新中国第一次以大国身份坐下来同美国、英国等西方大国打交道，第一次走出国门主动参与构建相应的国际秩序。

1954 年 12 月 25 日，康藏、青藏公路通车典礼在拉萨举行。图为参加通车典礼的藏族少年愉快地乘上汽车。

刘诗临、任用昭 摄 新华社 供稿

1955 年
高 潮

循着构建规制和秩序的轨迹，1955 年各方面的社会改革可谓是高潮迭起。

毛泽东这年亲自编辑的一本书，就叫《中国农村的社会主义高潮》。从 1953 年开始的社会主义改造，明显升温，农村出现农业生产合作化高潮，城镇出现资本主义工商业公私合营和手工业联合经营高潮。

农村开始大办农业生产高级合作社。作家赵树理这年发表的中篇小说《三里湾》，后来被改编为电影，今天的人们，可从中知道办合作社是怎样一回事。

在现实生活中，河北燕山山脉的村落里，一个叫王国藩的人，1952 年联合村里最穷的 23 户农民，办起了初级社。社里唯一的一头驴还有四分之一的使用权属于没有入社的村民，人们称之为三条驴腿的"穷棒子社"。结果，这个农业社红火地发展起来，到 1954 年，全村 148 户人家都入了社。毛泽东知道这件事后，在《中国农村的社会主义高潮》里说："我看这就是我们整个国家的形象，难道六万万穷棒子不能在几十年内，由于自己的努力，变成一个社会主义的又富又强的国家吗？"

农村合作化高潮中，农民还有更新的创造。在山西高平县米山乡，这年由农村社员、医务人员和合作社共同出资，建起了卫生保健站，开启中国农村合作医疗制度的先河。各地农村相继办起类似性质的"合作医疗社""医疗卫生保健站"。

比较复杂的是对资本主义工商业的改造。政府采取的办法，不是无偿没收和剥夺，而是搞公私合营，和平赎买。这种办法减少了社会震动。当然，一些经营得不错、资产规模比较大的工商业者，心里难免忐忑和犹豫。为此，毛泽东亲自出面做工作，两次邀请工商界代表人座谈，希望大家能认清社会发展规律，掌握自己的命运。还说，国家富强，是"共同的富，共同的强，大家都有份"。公私合营的步伐随后明显加快，许多资本家出于这样或那样的考虑，纷纷向政府提出合营要求。上海工商业的指标人物荣毅仁，成为支持公私合营的典型，由此被称为"红色资本家"。

公私合营后，政府按资产付给资本家利息。究竟付多少合适呢？大多数资本家都抱着"争三望四"的心态。用他们的话讲，是"三厘稍低，四厘不好讲，五厘不敢想"。结果政府一律定息为5%，从1956年1月算起，拿定息期限为7年。1962年到期后，政府又决定延长到10年，实际上支付了11年零9个月的利息。这是出乎多数资本家意料的。资本主义工商业和平地转变为社会主义经济，这种方法确实是一个有历史意义的巨大创造。当然，社会主义改造过程中，也有一些毛病，比如，对经济所有制的追求过于单纯，工作方法上有些粗，步骤上过于急。

人们日常经济生活的变化也迎来高潮，新版人民币发行了。旧币以万元为单位，票面额太大。新币1元兑换旧币1万元。随之而来的，是国家机关工作人员和军队官兵，一律改供给制或财政包干制为货币工资制。实行工资制度后，工作人员及其家属的一切生活费用，都由个人负担。工资标准分为 29 级，最高 1 级为 649.6 元，最低 29 级为 21 元。1957 年和 1959 年，又先后降低 10 级以上的工资标准，将 1 至 3 级合并为一级，统一为 400 元。降低的范围，只限于中共党员干部，非党员干部以及企事业单位知识分子的工资标准，一律不降。这样的工资制度，一直到 30 多年后才发生变化。

大城市的商业服务也活跃起来。到上海，人们都要去南京路上逛逛，购买时髦的商品。在北京的王府井，被称为"新中国第一店"的北京市百货大楼，这年正式开业。随后，中国照相馆、四联美发厅、普兰德洗衣店、蓝天服装店等一批服务型企业，从上海迁到北京，陆续在王府井、西单、东单三大区域落户，由此形成北京商业高端服务的基本格局。从外地到北京出差的人，有时间总要去王府井或东单、西单逛逛，否则就不算是到过北京。

为推动科技发展高潮的到来，1 月，毛泽东等中央领导人听了一堂关于铀矿勘探和原子弹制造原理的科普课。毛泽东随后说："这件事总是要抓的。现在到时候了，该抓了。"这件事，就是原子弹的制造。

6 月，由著名文学家和历史学家郭沫若担任院长的中国科学院，成立了物理学数学化学、生物学地学、技术科学和哲学社会科学四个学部，并在全国高级知识分子中遴选出 233 位学部委员。学部这个概念来自苏联，但苏联的学部委员叫院士，中国不叫院士，是觉得科学技术水平当时不好跟国外相比。其实，第一批学部委员中有许多响当当的人物，比如地质学家李四光、气象学家竺可桢、数学家苏步青和华罗庚、物理学家钱三强和钱伟长、桥梁学家茅以升、建筑学家梁思成、经济学家马寅初……

学部成立不久，一位科学技术领域的领军人物回国了。36 岁便成为麻省理工学院最年轻终身教授的钱学森，因为提出要回到新中国，被美国政府限制出境长达 5 年之久，还一度身陷囹圄。他不得不躲开盯梢，在香烟盒上写了封密信，表示"无一日、一时、一刻不思归国参加伟大的建设高潮"，"恳请祖国助我"。这封短信几经辗转送达周恩来手上，经中国政府交涉，钱学森于 1955 年秋天回来了。新中国研制导弹和火箭之路，由此开启。

据不完全统计，从 1949 年 10 月到 1955 年 11 月，从西方发达国家回来的高级知识分子，总共有 1550 多人。

军队建设的高潮，是走向正规化和现代化。人民军队开始实行军衔制、薪金制、义务兵役制度和颁发勋章制度。朱德、彭德怀、林彪、刘伯承、贺龙、陈毅、罗荣桓、徐向前、聂荣臻、叶剑英被授予中华人民共和国元帅军衔，一批在革命年代创造战争传奇的军官被授予大将、上将、中将、少将军衔。与此同时，新中国军队初步完成由单一陆军向诸军兵种合成的转变，在这年首次举行了规模浩大的陆、海、空三军协同抗登陆作战演习。

中国外交的一个高潮，是周恩来 4 月率领中国代表团出席在印度尼西亚万隆举行的有 29 个国家参加的亚非会议。针对与会各国对新中国缺乏了解和各国之间存在的分歧，周恩来在会上提出"求同存异"的著名方针。在中国首倡的和平共处五项原则基础上制定的万隆会议十项原则，后来被称为"万隆精神"。

1955年4月19日，周恩来在万隆会议上讲话。 钱嗣杰 摄

1956年
新起点

　　1956年1月1日，人们打开邮递员送来的《人民日报》，突然发现，沿用几千年的竖行文字改成了横排。与此同时，国务院公布《汉字简化方案》，有230个笔画太多的繁体字改成了简化字（到1964年一共简化了2238个汉字）。方便人们认字的《汉语拼音方案》开始推广，习惯讲地方方言的人们，普遍学起讲普通话了。

　　语言和文字表达的新气象，似乎昭示着新中国脚步迈到了一个新起点。

　　1月，北京、上海和天津先后宣布进入社会主义，各地基本上完成了社会主义改造的任务。春节前，中央新闻纪录电影制片厂请来各个行当的艺术家，录制了一台春节联欢会，开了后来电视春节联欢会的先河。1956年的中国，就这样在欢笑声中走进了社会主义社会的门槛。

　　站在历史的新起点上，最先感受到新气象扑面而来的，是知识分子。在1月召开的有上千人参加的知识分子会议上，毛泽东说，现在我们的革命，"叫技术革命，叫文化革命，要搞科学，要革愚蠢无知的命"。周恩来在会上说，知识分子绝大多数已经成为工人阶级一部分，应该给知识分子应得的信任和支持。

经历思想改造的知识分子，拥有如沐春风的感觉。他们在工资、工作条件、入党、社会活动各方面的境况和待遇，得到明显改善。仅北京市市属单位，1956 年就发展 389 名高级知识分子入党。根据北京大学、清华大学等 6 所院校的统计，1956 年教授、副教授的月平均工资为 228.79 元，比10 级干部（一般担任正厅局级、正地市级领导）的工资 217 元高 11.79 元。大学讲师月平均工资为 116.26 元，比 16 级干部（一般担任县团级领导）的工资 113 元高 3.26 元。此外，他们发表各式作品还有不菲的稿酬。数学家华罗庚就留下"写一个字可以买一个馒头"的佳话。作家巴金因为有版税，甚至不要工资。1956 年中国农民的月平均消费水平是 6.5 元，城镇居民月平均消费水平是 16.4 元。

1956 年，孩子们还没有太多的玩具，但是在街上，你花上一分钱，就能从书摊上租来几本小人书。对北京城里的孩子来说，这个春天里上演的童话剧《马兰花》，带给他们不少快乐，他们都会背诵戏里的口诀："马兰花，马兰花，风吹雨打都不怕。勤劳的人在说话，请你现在就开花。"

春天，毛泽东提出繁荣科学和文化的"百花齐放，百家争鸣"方针。他说：现在春天来了嘛，一百种花都要让它开放，春秋战国时代有许多学说，大家自由讨论，我们现在就需要这个。提出"双百方针"，是因为此前一段时间，科学研究被打上意识形态烙印。欧美的自然科学流派一律被贴上资产阶级的标签，来自苏联的理论则被视为金科玉律，严重影响了科学发展。

"向科学进军"的口号提出来了。国家还成立科学规划委员会，组织600 多名专家反复论证，编制出《1956–1967 年科学技术发展远景规划纲要》。在 57 个项目 616 个课题中，涉及飞机、导弹、原子能、计算机、无线电、自动化等 12 项重点任务。新起点上的科学蓝图，为知识分子提供了广阔的创造空间。

站在新起点上的各行各业，各种新气象扑面而来，让人振奋。

7月间从长春第一汽车制造厂大门口开出的12辆国产汽车，结束了中国不能造汽车的历史。此后，这种叫解放牌的卡车，跑遍了中国大地，随之传播全国的是一首叫《老司机》的歌："想当年我十八岁就学会了开汽车呀，摆弄那个外国车呀，我是个老内行啊，可就是呀没见过呀中国车啥模样啊，盼星星盼月亮啊，盼得这国产汽车真就出了厂……"

全国所有的县在1956年通了电报，95%以上的县通了电话。当河南省荥阳人民广播电台开通的时候，播送的节目通过田野上的大喇叭传送，老山沟里的农民说："听听常香玉，一辈子不生气。现在，坐在家里能听常香玉唱戏了。"

举重运动员陈镜开，以132.5公斤的成绩，打破轻量级挺举世界纪录。这是中国运动员第一次打破世界纪录。为发展体育运动，这年还在全国范围内选拔优秀运动员。

10月间在北京举办的日本商品展览会，让人们看到了很多新鲜的东西。大到自动机床，小到儿童玩具，还有让年轻人爱不释手的半导体收音机，电视机更是新奇，令人畅想未来的生活。

事实上，从4月毛泽东发表《论十大关系》的讲话开始，整个中国便在新的起点上开始未来的布局了。秋天召开的中共第八次全国代表大会，收获了新起点上关于未来布局不同寻常的成果。会议对中国社会的主要矛盾和历史任务作出了新的判断，指出：国内主要矛盾，已经不再是工人阶级和资产阶级之间的矛盾，而是人民对于经济文化迅速发展的需要，同当前经济文化不能满足人民需要之间的矛盾。今后的主要任务，就是搞经济建设，发展生产力。后来写中华人民共和国历史的人都说：从此以后，中国进入了全面建设社会主义的时期，进入了探索社会主义建设道路的时期。

建设和探索的年代，也是拓荒的岁月。国务院成立了农垦部，由铁道兵司令员王震上将出任部长。许多人从新起点出发了。这年，中国向偏远地区移民达 67 万人。他们远赴最南端的海南岛，西北的柴达木盆地，还有一个叫石河子的地方。更大规模的垦荒队伍则开赴东北辽阔的北大荒。铁道兵调来了 9 个师，官兵们告别军旗，把军旅生涯当作自己人生最美好的记忆。从此，在三江平原的黑土地上，便有了 851、852、854 这样一些以部队番号命名的特殊地名。

1956年7月13日，中国第一批国产汽车——"解放"牌载重汽车在长春第一汽车制造厂试制成功。
图为"解放"牌汽车排成长列开出厂区，全厂职工夹道欢呼。　　　　袁苓 摄　新华社 供稿

1957 年
变 化

在人们的记忆里，1957 年是社会变化很大的一年。

1 月，人们从报纸或广播里知道，中国科学院第一次向科学家们颁发奖金，让人感受到"向科学进军"带来的政策变化。获得一等奖的论著作者能够得到 1 万元，这可是不小的数目。但科学家们的研究，促进着中国的进步和变化确是不争的事实。比如，获奖者中，钱学森的工程控制论，对自动控制和自动调节理论作了全面探讨，奠定了这门技术科学的理论基础；钱伟长等人的研究，使许多力学家关注的弹性圆薄板大挠度的基本方程得到了系统解决，对航空设计和仪表设计有着重大帮助；还有华罗庚关于多元复变函数论的理论，也展示着诱人的应用前景。

经济学家马寅初这年提出节制人口的主张，开始促进人们生育观念发生变化。3 月 5 日《人民日报》专门发表关于节制生育的社论。河北玉田县举办避孕展览会，7 天中观众达 5 万多人。三八妇女节那天，北京中山公园的避孕展览会上展出的彩色图片和人民来信，传达出不少城市居民迫切要求获得避孕知识的信号。一个织布女工在信中说，她才 25 岁，已有 4

个孩子，妨碍了工作和学习，家里经济状况也困难，实在不想生孩子了。

从 1957 年开始，每年春秋两季，中国出口商品交易会在广州定期举行。对外贸易的变化，开头很难。那时候，中国人能拿出来的大多是一些农副产品和简单的工业品。作为对外交流的窗口，广州交易会一直延续到了今天。

文学创作也在变化中迎来了丰收。后来进入新中国文学史的作品，比如长篇小说《红旗谱》《林海雪原》《山乡巨变》《红日》《百炼成钢》以及话剧《茶馆》，都是在这年发表和出版的。

新年伊始，中央领导层着重考虑的是怎样应对进入社会主义社会后的矛盾变化。在去年苏联共产党召开的二十大上，赫鲁晓夫作了一个秘密报告，揭露不少斯大林时期犯的错误，让人们看到社会主义社会也有不好的一面。随后，波兰和匈牙利发生政局动荡，中国还派周恩来总理前去调和他们同苏联的矛盾。社会主义国家内部出现的这些新变化，在国内也有所反映。比如，1956 年下半年，不少地方出现罢工罢课或上街游行，绝大多数党员干部对此缺少精神准备，有人对繁荣科学和文化的"双百"方针也不理解，产生抵触情绪。

看来，必须要有一套处理社会主义社会矛盾的新办法。从 1 月到 3 月，中央连续召开规模很大的省市自治区党委书记会议、最高国务会议、宣传工作会议。毛泽东逢会必讲，要正确处理人民内部矛盾，要统筹兼顾、协调各方利益，要落实"双百方针"。总之，在社会主义国家治国理政，要有新思路，要用批评与自我批评的方式、说理和民主的方式，和风细雨地解决人们对政府工作的意见，绝不能以过去处理敌我矛盾的办法来处理新问题、新矛盾。

由此，中央在 4 月下旬发动整风运动，要党内外人士给领导干部提意见，帮助他们改掉官僚主义、主观主义的毛病，便于提高执政水平。开始的时候，有些意见虽然尖锐，却是诚恳的。诸如说党员不信任、不尊重党外人士，高人一等，盛气凌人，等等。

有些事情往往是，运转程序一启动，就有它自己的发展逻辑，结果也就常常出人意料。整风运动的情况越来越复杂。"党天下"，"轮流坐庄"，共产党退出机关和学校，公方代表退出公私合营的企业，这些激烈意见相继出现了。这种局面，是党内领导层没有预计到的，进而引起警觉和担忧，对形势的认识和判断发生了变化。变化的结果是进行反右派斗争，但反右派斗争"严重扩大化"了。先后有50多万人被戴上"右派分子"的帽子。他们的人生跌入低谷，其中包括共产党内忠贞的同志，和共产党有过长期合作历史的朋友，有才能的知识分子，一些政治上热情而不成熟的青年。

经济建设的重大变化，是第一个五年计划建设在这年收官，并超额完成任务。随着一大批重点工程建成投产，新中国在一穷二白的基础上，初步奠定起自己的工业框架。从前连铁钉都要进口的中国，有了自己的飞机、汽车、机床和电子等工业，大体解决了工业化进程中"从无到有"的问题。

1957年，留在人们记忆中的还有，第一座横跨长江铁路公路两用的武汉长江大桥建成通车，它不仅把武汉三镇连成一体，还贯通了长期隔离的京汉和粤汉铁路。当时世界上海拔最高的新疆通往西藏的公路也建成了，它全长1179公里，有915公里在海拔4000米以上，海拔最高达到5500米。

这两项成就是很有象征意味的，中国的建设将越来越往高处走，越来越面临艰难的大幅度跨越。这不，11月13日《人民日报》的一篇社论中，便提出在生产建设战线上"来一个大跃进"的说法。

1957 年 11 月 17 日，毛泽东访问苏联，到莫斯科大学接见中国留学生，发表著名演讲："世界是你们的，也是我们的，但是归根结底是你们的。你们青年人朝气蓬勃，正在兴旺的时期，好像早晨八九点钟的太阳，希望寄托在你们身上。"

侯波摄

1957年10月15日，武汉长江大桥建成通车。图为通车典礼上数百辆汽车浩浩荡荡驶过公路桥面。

郝纯一 摄 新华社 供稿

1958 年
遭遇激情

1958 年第一天，如果听收音机或打开报纸，人们会感受到一种激情洋溢的气氛。《人民日报》发表的社论说：要"乘长风破万里浪"，"鼓足干劲，力争上游，扫除消极保守的暮气"，"乘压倒西风的东风前进！"

接踵而来的，确实是一些力争上游的好消息：中国第一个特大型钢铁联合企业武汉钢铁公司建成投产；中国第一座实验性原子反应堆和回旋加速器正式建成运转；大连造船厂建造的中国第一艘万吨远洋货轮下水；三门峡水利枢纽工程截流工程完成；天津无线电厂试制成功"北京"牌电子管黑白电视机……

让老百姓最感兴趣的，是 3 月 17 日那天，北京电视台（也就是后来的中央电视台）开始首播，播出有电影动画片《小猫钓鱼》和 5 个演唱节目。电视台的发送设备安装在 11 层高的中央广播大厦里，离电视台 25 公里范围内的居民可以收看。据说首播那天的观众只有 400 多人，但人们看到了长风破浪的未来生活模样。

暮春时节，新中国成立头天奠基的人民英雄纪念碑，在天安门广场揭幕建成。高达 37.94 米的碑身正面，"人民英雄永垂不朽" 8 个镏金大字格外醒目。镶嵌在碑座四周的 10 块汉白玉大浮雕，艺术再现了虎门销烟、金田起义、武昌起义、五四运动、五卅运动、南昌起义、抗日游击战争、胜利渡长江、支援前线、欢迎人民解放军的生动场景。从此，这里成为人们凭吊先烈的标志性场所。

塑造社会主义社会干部和群众的新型关系，在这年动静不小。各级军官纷纷下到基层当兵，穿上普通士兵的军装，与士兵们同吃、同住、同劳动、同操练、同娱乐。南京军区司令员许世友上将下到连队的第一句话是："上等兵许世友前来报到，请分配工作。"随后他和士兵们一起参加攀登、海上游泳、射击等各种训练。不光军队如此，中央领导人也抽出时间纷纷参加劳动，他们到正在兴建的十三陵水库工地挖土挑土，一派飘洒激情的热火朝天场面。当时拍下的镜头和图片，后来反复出现在人们的视野当中。

更让人激动的是，6 月 30 日《人民日报》报道，江西省余江县消灭了为害千年的血吸虫病。毛泽东当晚是"浮想联翩，夜不能寐"，遂写下诗句："春风杨柳万千条，六亿神州尽舜尧。红雨随心翻作浪，青山着意化为桥……"这首诗被他命名为《送瘟神》。

中国最大的"瘟神"是一穷二白。就在毛泽东写《送瘟神》的时候，一场为改变贫穷落后面貌的"大跃进"运动，开始进入激情洋溢的高潮。无论男女老少，都迸发出罕见的浪漫和激情，目标是"超英赶美"，这是个家喻户晓的口号。

"超英赶美"的一个重要指标，是钢铁产量。于是，人们看到，到处都贴有"钢铁元帅升帐""全民大办钢铁"的标语。还流行起一首叫《今年钢产千万吨》的歌曲。但是用小规模、土办法，靠缺少专业技术的群众炼出来的钢铁，多不能用。

农业生产的"大跃进"，是和"放卫星"联系在一起的。有的地方提出，"人有多大胆，地有多大产"，似乎单凭激情大干，地里的庄稼就可以随心所欲地疯长。《人民日报》还发表社论说，"没有万斤的思想，就没有万斤的收获"。于是，亩产数字的"卫星"越放越高。到 9 月 25 日，见诸报端的小麦亩产最高的是青海柴达木盆地赛什克农场第一生产队的 8586 斤，稻谷亩产最高的是广西环江县红旗人民公社的 130435 斤。实际上，是把好些亩地的粮食堆到一亩地里来计算的。

农业"大跃进"还催生出社会组织的变革。为适应"农业水利化、机械化和文化革命"的需要，4 月间，河南省遂平县嵖岈山卫星社，由 27 个小社合并成有 9369 户人家的一个大社。8 月 4 日，河南省新乡县七里营乡第一个挂出"人民公社"的牌子。乡社合一，由此成为农村体制的重大变革。到 10 月 1 日，《人民日报》报道：全国农村基本实现人民公社化，共有人民公社 23397 个，参加的农户达到总农户的 90.4%，平均每个公社 4797 户。公社（实即传统的乡）下面叫生产大队，每个自然村则叫生产队（或称小队）。不少地方还以大队或小队为单位办起了集体食堂。据说这样做可以解放一批妇女劳力，解决生猪家禽的喂养，便于发展集体副业，还可以计划用粮等等。

文化领域的"大跃进"，更充满激情。为了挑战教授，有的学生几个月就写出一部《中国文学史》；有的省份提出"一年变成文化省"；在人民公社，则时兴放诗歌卫星，要求每个乡出一个郭沫若，每个人都要写诗。"共产主义是天堂，人民公社是桥梁"这样的诗意表达，传达着当时社会普遍的激情。实际上，这年发表和出版的文学作品，后来进入文学史的，依然是专业作家的作品，比如《青春之歌》《苦菜花》《野火春风斗古城》。

10 月中旬，毛泽东了解到一些情况后，开始担心了，决定纠偏。11 月

初和 12 月上旬，中央先后在郑州和武汉召开规模不小的会议，提出破除
迷信，不要把科学真理也破了；不要弄虚作假，不要虚报成绩，不要去争
虚荣，要老老实实；要压缩空气，头脑清醒，把根据不足的高指标降下来。
从放卫星到压缩空气，从胡思乱想到头脑清醒，单凭表面激情是不能持久的，
是不能创造奇迹的。

　　台湾海峡两岸的局势，也是热火朝天。8 月 23 日下午，大陆这边数百
门大炮齐发，炮弹铺天盖地般压向台湾国民党占据的金门、马祖。历史学
家们通常认为，这场炮战的结果，阻止了美国政府压制蒋介石从金门、马
祖撤军，割断同大陆的联系，进而制造"两个中国"的图谋。局势缓和下
来后，大陆先是宣布双日停，单日打，接着，单日也只打到无人的海滩。
再以后，双方打的实际上是"宣传战"：用大炮发射传单等宣传品。

正在建设中的三门峡水电站。

杜修贤 摄

1959 年
庆典时刻

1959 年，是新中国成立十周年的庆典之年。

庆典之前，先来的是多事之"秋"，而都是在春天里出现的。

全国有十几个省区出现了春荒，市场粮食紧张，副食品及一些工业品供应不足。经济生活渐渐进入后来人们说的三年困难时期。为此，中央出台一些政策，开始纠正"大跃进"运动中的错误做法。比如，决定实行人民公社三级所有、队为基础的制度，鼓励农民发展家庭副业，充分利用房前屋后、水边路旁的零星闲散土地种植庄稼、林木，谁种谁收，不收公粮。

西藏上层的分裂势力，在 3 月间发动武装叛乱。人民解放军平息这场叛乱后，西藏自治区筹委会决定在西藏废除农奴制度，实行民主改革。西藏是中国大陆最后一个实行民主改革的地区。

春天毕竟带来了庆典气氛。体育界接连传来两个好消息。举重运动员陈镜开在莫斯科杯国际个人举重锦标赛中，以 148 公斤的成绩，再次打破次轻量级挺举世界纪录。21 岁的乒乓球运动员容国团，在西德多特蒙德举行的第 25 届世界乒乓球锦标赛上，夺得男子单打世界冠军。这是中国人赢得的第一个乒乓球世界冠军，由此在全国掀起了乒乓球热。后来，乒乓球成为中国的"国球"。1959 年，新中国还举办了第一届全国运动会，设有 36 个比赛项目，有 30 个代表团 1 万多名运动员参加。

4 月，在北京举行的二届全国人大一次会议上，毛泽东坚决辞去国家主席职务，他说想腾出更多精力来思考和研究一些大问题。刘少奇继任国家主席之职，副主席是宋庆龄和董必武，朱德为全国人大常委会委员长，周恩来仍然是国务院总理。同时召开的全国政协三届一次会议，选举毛泽东为名誉主席，周恩来为主席。这个领导格局保持了相当一段时间。

在这次会议上任命的国防部长彭德怀，半年后由林彪取代了。夏天在江西庐山召开的中央工作会议，本来是要进一步纠正"大跃进"以来的"左"倾错误。彭德怀发出一封信后，会议转而批判党内右倾机会主义。这是让人叹息的意外之事。

国庆十周年庆典就要到了。这时候的北京变了模样。人民大会堂、民族文化宫、北京火车站、中国革命博物馆和中国历史博物馆等十大建筑，相继竣工，这些建筑至今具有地标性意义。

与此同时，一批建设成就让人鼓舞。包头钢铁厂一号高炉建成投产，这是当时中国最大的自动化大型高炉之一；中国第一拖拉机制造厂在洛阳举行落成典礼，该厂投产后，每年可生产"东方红"牌柴油履带式 54 马力拖拉机 1.5 万台；大同机车厂试制成功第一台蒸汽机车；中国第一台大型快速通用数字电子计算机试制成功；后来人们习以为常的立体电影也试放成功。还有，国家确定 16 所高等院校为全国重点大学，到 1960 年重点院校增加至 64 所……

最应该记住的是，这年 6 月，为了给未来的国家庆典买份保险，点响一个大的"炮仗"，中国决定自主研发原子能武器。在沉寂千年的罗布泊这片广袤而神秘的"死亡之海",中国开始建设核试验基地。一批著名的科学家"消失了",他们改名换姓,远赴西北这个长满马兰花的地方,他们的工作场所由此取名为"马兰基地"。

10月1日国庆节那天,天安门广场举行盛大的阅兵分列式和70万人的大游行。受检阅部队的装备,有最新式的自动步枪、大炮、坦克、高速度喷气歼击机等。游行队伍的图表、实物和模型,展示出中国过去不能制造的东西,像高级轿车、拖拉机、飞机、轮船、精密车床、大型发电机、实验性重水反应堆、静电加速器、回旋加速器、电子计算机等,现在都能制造了。工人们打的标语是:"为今年完成第二个五年计划而奋斗!"农民们打的标语是:"为提前和超额完成十二年农业发展纲要四十条而奋斗!"

在天安门城楼上,人们看到前来参加中国国庆节的苏联共产党总书记赫鲁晓夫。但人们不知道的是,中苏蜜月关系已走到尽头。与此同时,西方世界掀起了一场不小的反华浪潮。中国所处的国际环境,开始进入真正的多事之秋。

年底传来的最大新闻,是特赦首批战争罪犯33名,其中包括在淮海战役被俘的原国民党徐州"剿总"中将副司令杜聿明,还有中国历史上最后一个皇帝、后来又甘愿当日本人扶持的伪满洲国皇帝的溥仪。溥仪在北京植物园有了一份正式工作。他后来写了本书,叫《我的前半生》,影响很大。

十年辛苦不寻常。庆典时刻的中国,也不容易。

20 世纪 50 年代，新中国的小学生。

杜修贤 摄

1959 年 10 月 1 日，新中国成立十周年时的天安门广场。　　杜修贤 摄

1960 年
在困难面前

　　年初，你如果沿着长江和黄河走一趟，会看到一些欣喜的场景。在武汉，中国第一条跨越长江的 220 千伏高压电线，在武昌和汉阳之间架通起来。在黄河流域，位于甘肃兰州附近的刘家峡水利工程大坝，在元旦那天合龙；2 月间，位于宁夏的青铜峡水利工程大坝合龙；4 月，郑州的黄河大铁桥建成通车。

　　当你沿黄河走到山西省平陆县，有个生动故事似乎正等着你参与。2 月 2 日，有 61 位民工食物中毒，必须在 4 日黎明之前注射特效药"二巯基丙醇"。县医院司药员当夜赶往三门峡市找药，黄河船工打破黄河不夜渡的老例，送司药员过了河。但三门峡及其周围各城均无此药。3 日下午，平陆县委挂长途电话给北京王府井特种医药商店求援，该店职工立即到 15 公里外的库房取来 1000 支药剂；卫生部向空军求助，空军飞机当夜飞至平陆上空投下药箱。各方协作，终于从死神手里夺回 61 名民工的生命。这件事被写成一篇题为"为了六十一个阶级兄弟"的通讯报道，后来收入中学课本，影响了几代人。

5 月，中国登山队的第一代运动员，经历千难万险，从人类尚未涉足的北坡，登上地球最高点珠穆朗玛峰。这仿佛是一个象征，告诉人们，中国是在一种非常状态中走进 20 世纪 60 年代的。1960 年是新中国三年困难时期最为严峻的一年。

中苏关系的恶化公开了。7 月 16 日，苏联撤走专家，取消了 257 个技术合作项目，再加上催还贷款之举，历史学家们后来说这使中国经济雪上加霜。

人们感受最深的是饥饿和困难。中共中央党史研究室编写、2016 年出版的《中国共产党的九十年》，这样描述："党和人民面临着新中国成立以来最严重的经济困难。许多地区因严重缺粮而相当普遍地发生浮肿病，不少省份农村非正常死亡人口急剧增加。由于出生率大幅度降低、死亡率显著增高等原因，1960 年全国总人口比上年减少 1000 万。"

毛泽东这年写的《十年总结》，更是感慨万千。他说："我们对于社会主义时期的革命和建设，还有一个很大的盲目性，还有一个很大的未被认识的必然王国。我们还不深刻地认识它。"他还在一份文件中加写了这样一段话："毛泽东同志对这个报告看了两遍，他说还想看一遍，以便从其中吸取教训和经验。他自己说，他是同一切愿意改正错误的同志同命运、共呼吸的。他说，他自己也曾犯了错误，一定要改正。"

在困难面前，中国人特别强调自力更生，去攻克难关。

1960 年，国家对石油及其产品的需求量超过 1000 万吨，国内最大的生产能力是 500 万吨，缺口巨大。当时西方国家对中国实施经济封锁，中苏关系又开始恶化，进口石油非常困难。国内到处都喊缺油，连北京的公共汽车也背上了煤气包，空军训练和执勤的飞机也因为油料紧张不能正常起飞。

这年春天，几千名科技人员、4万多名工人，从四面八方汇聚到东北的松辽平原，进行开发大庆油田的大会战。会战期间粮食紧张，黑龙江省政府发出号召：全省每人节约一斤粮食，支援大庆。几千万斤粮食就这样源源不断地运到了大庆。

6月，从大庆油田开出了第一列满载原油的火车。随这列火车传送出来的，是一个大庆工人的名字，叫王进喜。他的名言是："宁可少活20年，也要拿下大油田！"他带着队友们，用肩扛手抬的原始办法，把35吨重的钻机设备安装就位；三天三夜，将38米高22吨重的井架矗立荒原；在发生意外井喷时，他率先跳进泥浆池用身体来搅拌水泥，被称为"王铁人"。而他们每天只吃5两粮食，住在冰冷潮湿的地窖子里。4月19日，王进喜五天五夜不下"火线"，带领他的"1205"钻井队打出会战开始后的第一口油井。1960年，"1205"钻井队打井19口，完成进尺21258米，创造了世界石油钻井史上的奇迹。

在困难面前，奇迹还在发生。11月至12月，中国连续发射三枚自制的地地导弹，取名为"东风一号"。"东风"系列导弹这个名称，沿用至今。

在工矿企业，这年开始推广"鞍钢宪法"。内容是开展技术革命，大搞群众运动，实行"两参一改三结合"，即干部参加生产劳动，工人参加企业管理，改革不合理规章制度，领导干部、技术或管理人员与工人相结合，实行党委领导下的厂长负责制。

新中国第一批石油钻探工人王进喜，被誉为石油战线上的"铁人"。

1961 年
大调整

1961 年，是各领域政策大调整的一年。

1 月，在北京召开的中共八届九中全会，决定对国民经济实行"调整、巩固、充实、提高"的八字方针，实际上就是改变三年"大跃进"期间的经济发展方式。调整政策，自然是要先摸清情况。毛泽东说，要大兴调查研究之风，把 1961 年搞成实事求是年。

随后他亲自组建三个调研组，分赴浙江、广东和湖南调研。几乎所有的中央领导人都先后下到农村搞调查研究。国家主席刘少奇回到阔别多年的故乡湖南，在长沙县天华村的农民中间住了一个多月，曾扒开农民的粪便，看看他们每天到底吃的是什么东西。

在随后制定的政策中，基本上取消了"大跃进"期间办的公共食堂，农民又重新支起锅来烧自家的饭了。他们的自留地也普遍恢复，在自家地里种点东西劲头就是不一样。农民搞的家庭副业，开始活跃农村市场。在生产队里干活，依然还是评工记分，敲钟吹哨统一下地收工，但有的地方却实行起定产到田、责任到人的"生产责任制"。

国家计委大幅度压缩基建投资和大中型项目。由此，在许多人的记忆中，经济调整带给他们的是一次人生大调整。由于职工队伍和城镇人口急增，加重了国家财政和城市粮食供应的压力。中央决定精减职工人数，压缩城镇人口，动员来自农村的新职工，带着家属离职回乡务农，力争在三年内将城镇人口减少 2000 万人。仅 1961 年，就有 1300 万人从城市回到了农村，相当于一个中等国家人口迁移。许多人为了生活来到城市，为了更美好的生活，自然想留在城市，但为了大局，又不得不回乡成了农民。毛泽东感慨地说：我们的人民好啊！几千万人招之即来，挥之即去。与此同时，各地还精简下放近百万干部到农村工作。

有一位叫邢燕子的天津姑娘，这年在报上发表《无穷乐趣在农村》的文章，引起了人们的关注。她三年前在天津市初中毕业后，回到父母老家河北省宝坻县农村务农，还组建了"邢燕子突击队"。她在这篇文章中讲述自己在农村劳动的心得体会，感染了许多城市青年。父母都是国家干部的北京市高中生侯隽，来年毕业后放弃珍贵的北京户口，也到宝坻县当了一名农民。她们两位从此成为下乡知识青年的典型。

54 岁的科学家王淦昌这年也遭遇了人生大调整。他领导的科研小组刚刚因为发现了反西格玛负超子获得世界关注，领导却让他去参加并非专业所长的原子弹研制工作。虽感到很意外，但他却并不意外地回答："我愿以身许国。"此后，王淦昌从世界物理学界消失了，在中国西北的核试验基地，多了一位主持爆轰实验叫"王京"的人。一同来到核试验基地的，还有美国原子弹之父奥本海默的师弟彭桓武、钱学森的同学郭永怀。

从 1961 年起，中央陆续制定和批准了一批工作条例和规定。比如《农业六十条》《商业四十条》《手工业三十五条》《林业十八条》《文艺八条》《高教六十条》等等。其中，《科学十四条》规定，研究机构要定方向、定任务、定人员、定设备、定制度，使研究工作相对稳定。《工业七十条》规定，企业职工的劳动报酬，要贯彻按劳分配的原则，反对搞平均主义，可实行计时工资或计件工资，严格执行考勤制度。这批条例，是多年来正反两方面经验的有益总结，促进了国民经济和社会关系的大调整。

一些新的流行歌曲唱遍中国。有意思的是，它们都来自这年上映的电影。《洪湖赤卫队》里的"洪湖水，浪打浪……"《红色娘子军》里的"向前进，向前进，战士的责任重，妇女的怨仇深……"《冰山上的来客》里的"花儿为什么这样红……"这些歌曲，几十年后依然流行。这年年底出版的长篇小说《红岩》，几十年后也依然流行。

1962 年
感受春秋

这年春天的故事格外多。

1 月，中国共产党召开自成立以来最大规模的中央工作会议。从中央到地县级的领导干部，有七千多人参加，目的是解决 1958 年以来党的工作路线问题。当时有一个形象的说法，叫出气。这次会议，基本上理顺了"大跃进"以来一些政策上的分歧，为进一步落实正在进行的大调整统一了认识。

春意萌动的时节到来了。继经济工作大调整后，社会关系也开始了大调整。

比如：不许随意给归国华侨、侨眷、归侨学生在国外的家庭和亲友关系，扣上"海外关系"的帽子；凡是在此前各项运动中批判和处理错了的党员干部，均采取简便办法迅速甄别平反，这项政策使几百万人的政治生活萌动起春意；从 1961 年起被精简压缩回到农村的城镇职工，要给他们发放退职补助费，上千万人的经济生活萌动起春意；还有，决不能把中国提倡节制生育，同马尔萨斯人口论混为一谈，政府重申加强对计划生育工作的领导，使生育问题由毫无计划的状态逐渐走向有计划的状态。

春节期间，人民解放军广泛开展评选"五好"战士活动。所谓"五好"，是指政治思想好、军事技术好、三八作风好、完成任务好、锻炼身体好。这是人民军队在战争年代开展的立功创模运动，在和平年代的新发展，后来被固定下来。被评为"五好"战士，是许多人入伍当兵的一个梦想。战士提为干部，如果不是"五好"战士，想都别想。

这年的春天，在知识分子和文化人的记忆中，也很灿烂。

1月，国家成立了东方歌舞团，专门学习和表演亚非拉国家的歌舞。后来他们演出了许多很有名的节目。

2月，周恩来和陈毅在广州召开的文艺和科学两个会议上宣布，要为知识分子脱掉"资产阶级知识分子"之帽，加上"无产阶级知识分子"之冕。"脱帽加冕"的知识分子别提有多高兴了。还有一批知识分子，则摘掉了更沉重的"右派"帽子。从1960年到1964年，分5批摘掉了30余万人的"右派"帽子，分别给予安排工作、帮助就业。

4月公布的《文艺八条》规定，要进一步贯彻执行"百花齐放、百家争鸣"的方针。这个月在人民大会堂召开诗歌创作座谈会时，除郭沫若、周扬等文艺界领导，连朱德、陈毅两位元帅诗人也来了。在大连召开的农村题材短篇小说创作座谈会，还批评了前几年文学创作中脱离现实、回避矛盾、拔高英雄等不良倾向，提出要大胆写"中间状态人物"。

5月，新中国第一届电影百花奖评选揭晓。在1960年和1961年公映的电影中，谢晋导演的《红色娘子军》获得最佳故事片、最佳导演、最佳配角和最佳女演员四项大奖。获得其他奖项的影片还有《革命家庭》《红旗谱》《洪湖赤卫队》《马兰花》，获奖的还有纪录片《两种命运的决战》《亚洲风暴》《征服世界高峰》，科教片《没有"外祖父"的癞蛤蟆》，美术片《小蝌蚪找妈妈》，戏曲片《杨门女将》。这次评选受到观众极大欢迎。在通信不发达的时代，连电话都稀有，仅靠寄信投票，《大众电影》编辑部共收到 11 万多张选票。此后，在电影评奖中获奖的 22 位电影明星，长时间成为观众心中的偶像。

这年，由上海江南造船厂制造的中国第一台万吨压力的自由锻造水压机，在上海重型机器厂试车完毕，正式投入生产。这台锻压设备重量为 2200 吨，比国外生产的要轻 800 吨，它的主机有六七层楼高。当时，只有美国、英国、联邦德国、捷克斯洛伐克能制造这种机械，总共生产了 20 台左右。

人们把历史叫做春秋，是因为它总有代序，会有变化。这年秋天，指导思想的变化是提出要讲阶级斗争。不过，这个变化还没有直接影响到更多人的生活。人们当时更关注的，是 10 月间中国军队被迫发起中印边境自卫反击战。中国军队一举收复了被印度军队侵占的我国边防据点，并一直打到我国的藏南地区。随即，中国提出全线停火，并主动后撤，双方政府随后开始长期的边境谈判。

台湾的国民党当局也来凑热闹了。蒋介石发表《告全国同胞书》，声称要进行"反共抗暴的革命运动"，还成立了"反攻行动委员会"，不断派小股特务到大陆沿海地区进行试探性军事骚扰，甚至利用美国提供的高空侦察机，窜挠中国大陆上空。好消息是，中国军队 9 月击落一架 U-2 型高空侦察机，10 月又歼灭四股在广东沿海登陆的国民党特务。

1962年1月27日，毛泽东、周恩来、刘少奇、朱德、陈云、邓小平在北京召开扩大的中央工作会议上。

杜修贤　摄

1963 年
典 型

1963 年出现的典型人物和典型事件，着实不少。许多典型人物的故事，到今天人们还耳熟能详。

新中国成立后最大的人格典型雷锋，就是从 1963 年起成为时代楷模的。3 月 5 日，《人民日报》发表毛泽东"向雷锋同志学习"的题词后，报上还发表了刘少奇、周恩来、朱德、邓小平等党和国家主要领导为他写的题词。随即，全国掀起了学习雷锋先进事迹的热潮。

22 岁的沈阳军区工程兵某团运输连四班班长雷锋，1962 年在施工时因一根电线杆子猝然砸下而殉职。此前他普普通通地生活着、工作着，就是他的死，也是那样的偶然和平凡，似乎难寻出大英雄身上常常见到的气壮山河的悲壮色彩。他的名字却家喻户晓，原因是他在日常生活中做了许多平凡的好事。比如，工作上的事情他总是带头去做；帮助战友学习，义务当少先队的校外辅导员；在火车上帮扶老人，有人中途丢了车票，他就自己掏钱帮她买；哪里受了灾就匿名寄钱去援助，战友的父亲生病，则用战友的名字寄钱帮助；等等。他做好事从不对人说，有人觉得比较傻，他就在日记中写道："如果说这就是傻子，那我是甘心愿意做这样的傻子的。革命需要这样的傻子，建设也需要这样的傻子。"诗人贺敬之这年发表的长诗《雷锋之歌》，影响很大。在很长的时间里，全国每年3月都要普遍开展"学雷锋活动"。人们说，雷锋实际上是时代阳光照耀下呈现出来的典型人格气象。

人民军队出现了一个先进典型群体。国防部授予上海警备区某部八连"南京路上好八连"称号。他们的事迹是身居闹市，一尘不染，拒绝腐蚀，艰苦奋斗。毛泽东还专门写了首诗，叫《好八连》："好八连，天下传。为什么？意志坚。为人民，几十年。拒腐蚀，永不沾。"这年拍摄的电影《霓虹灯下的哨兵》，就是根据"好八连"的故事改编的。

还有位叫欧阳海的解放军战士，在京广铁路线上，当一匹受惊的马即将与飞驰而来的火车相撞时，他冲上路基，把那匹马拉了下来，自己却牺牲了。有位作家后来写的长篇报告小说《欧阳海之歌》，许多人都读过。

42岁的张秉贵，作为商业领域的劳动模范，也在这年走进了人们的视野。他是北京市百货大楼售货员，练就一套神奇的手上功夫，顾客要买糖果，说是二两，一把抓起来，上秤一称，不多不少。看到客人买点心时拿不定主意，他会想到或许客人想吃咸的，于是推荐，客人感慨："你真体贴顾客的心理。"他的服务精神，被人们比喻为对顾客"胸中有一团火"。

著名劳动模范赵梦桃这年去世了。她成立的西北国棉一厂"赵梦桃小组"，年年出色地完成国家计划，被评为全国先进集体。她生前的工作岗位，由另一位劳动模范吴桂贤接了过去。

说完典型人物，该说典型事件了。

医学领域这年的典型事件是，有位工人的右手从腕部被完全轧断了，事故发生后大约半个小时，上海市第六人民医院的外科医师成功把他的右手重新接了起来。这种"前臂完全性创伤性截肢再植手术"成功，在国内是第一次。

经济社会领域这年的典型事件，是中央政府再次成立国家计划委员会，主要任务是讨论研究年度计划和长远计划的方针、政策及主要指标，研究和确定实现计划的重大措施。与此相关的事情有三件。一是，从 1960 年开始的精减中央机关及其在京单位人员，实现了精减一半的目标。二是，由于经济发展形势见好，国家调整了全国职工工资，人均年收入达到 643 元，比上一年增加 50.4 元。三是，据新华社报道，中国已有 1000 多个县市的农村用上了电，中国邮电通信网络已延伸到广大农村，95% 以上的人民公社通了电话。

从下半年开始，全国农村发生的典型事件，是开展清理账目、清理仓库、清理财物、清理工分的"四清"运动。对外，则是中苏两党的论战，开始进入高潮。由于苏共中央在 7 月 14 日发表给中共中央的《公开信》，中共中央遂在这年连续推出六篇评论苏共中央公开信的文章。到 1964 年一共发表九篇，史称"反修九评"，影响很大。

1963 年 3 月 2 日，《中国青年》杂志率先发表毛泽东"向雷锋同志学习"的题词。

中国青年杂志社　供稿

5—6
1963

ZHONGGUO QINGNIAN

中国青年

1963 年 3 月 2 日，《中国青年》杂志首次将雷锋作为封面人物刊出。

张 峻 摄 中国青年杂志社 供稿

1964 年
故事纷呈

这年的变化不小，涉及方方面面，可谓是故事纷呈。

故事是从年初的三场学习活动开始的。

先是中央号召全国的工业要向大庆学习。紧接着，《人民日报》刊登新华社记者的通讯报道《大寨之路》，介绍了山西省昔阳县大寨大队挑战穷荒山坡，改变山区面貌，发展生产的事迹。大寨由此成为全国农村艰苦创业的榜样。随后，军队掀起学习"郭兴福教学方法"的运动。郭兴福是南京部队某团二连连长，创造了一套军事训练的先进教学方法，能够让战士迅速掌握各种战斗本领。一场"比、学、赶、帮、超"的大练兵、大比武随即开始，并涌现出许多"神枪手""神炮手""技术能手"，国防部还授予某部六连以"硬骨头六连"称号，因为他们的一切工作都立足于打头阵、打硬仗、打大仗、打胜仗。

这三场活动，后来定型或延伸为"工业学大庆""农业学大寨""全国人民学习解放军"，意在彰显那个年代工农兵意气风发、艰苦创业的精神气象。

内蒙古达尔罕草原传出一个故事。11岁的龙梅和9岁的玉荣出门放羊时，气温骤降到零下37摄氏度，为保住集体的羊群，她们与狂风暴雪搏斗了一天一夜，险些失去生命，后来被称为"草原英雄小姐妹"。

不用说，最轰动的大故事，发生在秋天。10月13日，远在青海的核试验基地向中央发出密电："老邱昨天22点30分穿好衣服，住下房。"意思是试验用的原子弹已经装配完毕，安放于试验铁塔下的装配间里。16日下午3点，当那颗耀眼的火球从戈壁上升起时，核试验基地现场一片欢腾。为了这一时刻的到来，一批科学家和部队官兵，已经在这里苦苦奋斗整整五年。中国政府当天宣布：在任何情况下都不会首先使用核武器。这个故事传到国外，许多华侨甚至比国内的人们还要激动。

原子弹试爆成功那天晚上，北京人民大会堂正在演出大型音乐舞蹈史诗《东方红》。这部由3000多人参加演出的大型歌舞，气势磅礴地讲述了中国革命和建设的历史故事。它以40多年来各个时期最能反映时代精神的歌曲，作为各场音乐的基本主题，塑造了众多的英雄群像，有很强的艺术感染力，被认为是难以复制的文艺经典。

文化故事确实热闹纷呈。这年出现的文艺作品，如长篇小说《艳阳天》、歌剧《江姐》、豫剧《朝阳沟》、电影《阿诗玛》、歌曲《大海航行靠舵手》，人们几乎没有不熟悉的。7月间，还在北京举办了京剧现代戏观摩演出大会，一些剧目讲述的故事，后来的中国人就更熟悉了。比如，《芦荡火种》（即《沙家浜》）《红灯记》《奇袭白虎团》《红色娘子军》《智取威虎山》《杜鹃山》等，后来的八个"样板戏"基本上都是从这次演出节目中精选打磨出来的。《人民日报》由此发表题为《文化战线上的一个大革命》的社论。与此同时，戏曲《李慧娘》、电影《早春二月》和《北国江南》受到批判。

有意思的是，这年还对全国各厂家生产的自行车进行了评比，获得前三名的是上海的永久牌、凤凰牌和天津的飞鸽牌。从此以后，能够骑上这三种品牌的自行车上下班，成为城里人的时髦。在小镇和农村，能够骑上自行车，不仅是时髦，而且是豪华的身份象征。这自然属于老百姓的生活故事。

更有意思的是，这年的报纸，不断接到老百姓的来信，主动讨论他们的生活故事。在北边，有人在《天津晚报》上说，他们厂有青年留着油光光的"燕尾式"大背头，是不对的，应该把精力用在工作和学习上；有人说，平时喜欢打扮，烫个新式发型，做件时装，是人民生活提高的具体表现，怎么能和追求资产阶级的生活方式联系在一起呢？在西边，有人给《陕西日报》写信说，看到一些日用百货商店里摆设的香粉，有的叫"夜来香"、"美人香"，含意污浊，使人反感。在南边，有人给《羊城晚报》写信说，奇装异服使人在精神面貌上变得颓废，对健康也有害处。

中国故事的国际环境，开始发生变化，变化中有喜有忧。喜的是法国这年宣布与"台湾"断绝外交关系，成为第一个和中国正式建交的西方大国。成立不久的中国地空导弹部队，连续击落侵入中国领空的美制 U–2 型高空侦察机，开创了以防空导弹击落敌机的先例。让人忧虑的是，8 月，美国军队轰炸越南的北部湾，入侵越南的战争升级，直接威胁到我国的南部边境的安全，中国周边局势越发严峻起来。

故事延伸到年末，是一个"豹尾"。在 12 月召开的三届全国人大一次会议上，周恩来宣布：从 1961 年以来调整国民经济的任务已基本完成，未来中国故事的主题，是建设具有现代农业、现代工业、现代国防和现代科学技术的社会主义强国。这个战略目标，后来被称为"四个现代化"。

1964 年 10 月 16 日，我国第一颗原子弹爆炸成功，当天周恩来在人民大会堂宣布这一消息，顿时全场沸腾，周恩来赶紧喊道："大家不要跳，再跳大会堂的楼板就要塌啦！" 杜修贤 摄

大寨风貌。　　杜修贤 摄

1965 年
举措并进

　　1965 年的大举措不断，呈现出多头并进的气象，各方面事业都有大干一场的势头。

　　在老百姓的记忆中，1965 年的经济发展形势喜人，日子过得不错。工农业总产值比上年增长 20.4%，市场供应也相对丰富。

　　经过多年积累，科技领域成果不断，创下不少"第一"。这年首次人工合成结晶牛胰岛素，后来人们评价说，这是一项在世界上处于领先地位的诺贝尔奖级的成果。还有，中国第一例人造心脏瓣膜用于临床，中国第一部 24 阶中型电子模拟计算机、中国第一台一级电子显微镜，也分别在天津和上海研制出来了。

　　经济建设上，中国第一座维尼纶厂在北京建成并投入生产，这是工业原料来源的一次飞跃；从甘肃兰州到新疆乌鲁木齐全长 1892 公里的兰新铁路建成通车；绝大多数中国人没有听说过更没有见过的地下铁路，也在北京开工兴建。这些成就，确有些高歌猛进的感觉。

　　最大的经济建设举措，毫无疑问是去年定下来要搞的"三线建设"。当时中国大陆，东面，美国支持下的台湾当局声称要反攻大陆；南面，是美国军队入侵越南北方；北面，中苏关系恶化，苏联开始在中苏边界布下重兵。三面都面临威胁，战略基点唯有向西部纵深地区转移。再加上历史上造成的东西部发展不平衡，产业也需要向西部延伸。由此，中央提出一、二、三线的战略大布局，也就是说，东部沿海地区为一线，中部地区为二线，西部地区为三线，在三线地区集中建设一批具有战略意义的工矿企业和科研院所。

从 1965 年起，三线建设进入高潮，相继成立西南、西北、中南三线建设委员会。从 1959 年后便赋闲的彭德怀元帅，也启程到四川成都任西南三线建设副总指挥。从一线地区搬迁到三线地区的工厂企业约有 400 个。全国各地调集精兵强将和好设备支援三线，当时称之为"好人好马"上三线。四川南端的攀枝花钢铁基地是三线建设的重中之重，年初，国家调集 5 万多职工从全国各地汇集攀枝花，还从全国各地征调几千辆汽车把物资和生活用品源源不断送到这里。

三线建设一直持续到 1970 年代末。先后建成四川攀枝花钢铁工业基地、甘肃酒泉钢铁厂、成昆铁路、重庆兵器工业基地、成都航空工业基地、西北航空航天工业基地、核工业新基地、湖北第二汽车厂等，还新设了许多科研机构和院校，形成了攀枝花、绵阳、六盘水、宝鸡、酒泉等一批新兴工业城市，大大促进了西部地区的经济社会发展。人们说，在战争威胁的情况下，这相当于在西部为国家安全购买了一份"保险"。其缺点是成本高效益不突出，浪费比较严重。

最大的社会建设举措，是"把医疗卫生工作的重点放到农村去"。这是毛泽东 6 月 26 日提出的要求。国家的医疗资源由此开始向农村倾斜，农村合作医疗开始成为具有农民集体福利性质的普遍制度。到 1976 年，享受合作医疗的农村人口达到 90%。全国 5 万多个农村人民公社基本上都建立起了卫生院。最有创意的，是农村出现了大批"赤脚医生"，他们接受过短期医疗卫生培训，但无固定工资，也没有纳入国家正式医务工作者编制，实际上是半农半医，故被称为"赤脚医生"。

以基层建设为重点，多头并进的大举措还有不少。比如，这年，全国已经拥有 78 座电台、13 座电视台，图书总印数达到 21.7 亿册，96% 的县通了有线广播。在群众中开展宣传活动的文艺团体，活跃在中国的大江南北。在辽阔的内蒙古草原上，还出现文化轻骑队，被牧民们称为"乌兰牧骑"。还有，新华社 9 月 23 日报道，从 1955 年发出"知识青年到农村去"的号召以来，全国已有百万知识青年上山下乡到农村落户。

军队建设也是重在基层，倡导官兵平等。最大的举措是取消实行 10 年的军衔制。元帅、将军、校官和尉官们告别了十分气派的肩章、领章和大盖帽，官兵一律佩戴全红五角星帽徽和全红领章。走在街上，你很难看出他们的身份，只能细看他们的上装，有四个兜的是军官，只有上面两个兜的是士兵。

穿两个兜军装的工兵班长王杰，这年在训练民兵时，地雷意外爆炸。为保护在场的十多个人，他扑向炸点光荣牺牲。此后，王杰成了几乎与雷锋齐名的学习榜样。

多头并进的大举措，也体现在人们的政治和文化生活当中。在农村，去年开展的着眼于经济问题的"四清"运动，变换了内容，改为清政治、清经济、清组织、清思想，成为一场社会主义教育运动。四川美术学院师生们创作的雕塑群《收租院》，在当地展出后引起轰动。这组群雕随即被拍成电影纪录片，里面的一些解说词，后来还收入学校课本。

文化思想界的"火药味"日益浓烈起来。11 月 10 日上海《文汇报》发表姚文元的《评新编历史剧〈海瑞罢官〉》，引起不小震动，也有争议。在争议中，谁也没有想到，这篇文章日后会成为一场政治动乱的序幕。

1965 年 2 月 10 日，毛泽东在首都各界人民支援越南人民反帝斗争大会上。　　　杜修贤 摄

1966 年
风乍起

　　1966 年开始的时候，除了思想文化领域，其他领域并没有什么异样，大体循着既有的路子往前运行。比如，1 月间，中央专门发出文件，要求到 1970 年全国人口控制在 8 亿，各级领导在抓生产的同时要认真抓好计划生育，并说这是"一项极为重要的大事"。

　　1 至 2 月，《人民日报》先后报道了两位人物的先进事迹。

　　一位是"海上英雄艇"轮机兵麦贤得。他去年参加对美蒋军舰的海战时，在头部重伤、脑液外溢的情况下，坚持战斗达 3 个多小时，直到敌舰被击沉后再度昏迷过去。麦贤得至今还活着，2017 年中国人民解放军成立 90 周年的时候，获得八一勋章。

　　一位是今天人们已经非常熟悉的河南兰考县委书记焦裕禄。为改变兰考的落后面貌，他在患肝癌的情况下，带领人民治水涝、治风沙、治盐碱地。他心里装着人民，唯独没有自己。直到生命的最后一刻，他还嘱咐："把我运回兰考，埋在沙堆上，死了也要看着你们把沙丘治好。"他在 1964 年去世后，人们称他为"县委书记的好榜样"。他的精神，后来被概括为"亲民爱民、艰苦奋斗、科学求实、迎难而上、无私奉献"，成为中国共产党精神谱系中的一项内容。

4 月间，太行山南麓传来一个好消息，河南省林县有一条全长 171.5 公里的总干渠和三条干渠竣工通水。为摆脱十年九旱的困境，引入北边的漳河水，从 1960 年开始修建这条水渠。人们后来常常从新闻纪录电影中看到一个镜头，一个叫任羊成的人，把身子吊在绳子上，飞身悬崖绝壁，用钢钎排除各种险情，这是他每天的工作。林县人就这样在太行山脉里开凿 211 个隧洞，修建 151 座渡槽，才建成这条"人工天河"，人们叫它"红旗渠"。如今的红旗渠，已成为红色旅游的景点。

人民解放军的序列里，出现一个新的兵种，叫第二炮兵，实际上是战略导弹部队。与此同时，中国自行设计研制的"东风二号"地地导弹，携带当量相当于 1.2 万吨 TNT 的核弹头，从甘肃酒泉发射，击中 800 公里以外的罗布泊着弹区。中国从此结束原子弹试爆成功后，"有（核）弹无枪"的尴尬局面，拥有了真正意义上的核威慑能力。

今天回想起来，中国的大局面如果能够继续沿着这条路子往前发展，该有多好呵。遗憾的是，5 月间，风乍起。

5 月 16 日，中共中央发出一个《通知》，提出"一大批资产阶级的代表人物、反革命的修正主义分子已经混进党里、政府里、军队里和文化领域的各界"里，因此，必须"批判资产阶级代表人物，清洗这些人"。随后，一场公开地、全面地、自下而上地发动广大群众来进行的"无产阶级文化大革命"运动开始了。

在这场运动中率先闹腾的是学校，是学生。从 5 月 25 日北京大学校园里贴出"第一张马列主义大字报"开始，学校里就再难平静了。这场所谓"革命"，当时被冠以"文化"之名，主要因为它是从思想文化领域的批判运动引发出来的。

7月取消了高考招生，一下子改变了高中生们的命运。在读的大中学校的学生，停课闹革命，不少地方涌动着免费大串联的身影。以大中学生为主的红卫兵运动迅速蔓延全国。红卫兵这个新角色，是当时让人羡慕的威风凛凛的身份。那些还在读小学的学生，不久就把"少先队"改成了"红小兵"。

随之而来的是"踢开党委闹革命"。红卫兵和造反派们"破四旧"（指"旧思想、旧文化、旧风俗、旧习惯"）、"批斗封资修"（指封建主义、资本主义、修正主义），进而发展到抄家、打人、砸物。一些被视为"反动学术权威""走资本主义道路的当权派""反革命修正主义分子"的人，受到批斗和侮辱。

随着城里的工人也起来造反，中央一看太乱，9月份提出要"抓革命，促生产"。但抓起了"革命"，起来"造反"的人哪有心思促生产呢？11月9日，"上海工人革命造反总司令部"（简称"工总司"）宣告成立，因为要求见市长的目的没有达到，他们居然在安亭车站卧轨拦截火车，要到北京告状，造成沪宁线运输中断30多小时。

16年后，中共中央《关于建国以来党的若干历史问题的决议》，对1966年开始的"文化大革命"运动作了定论，说它是"一场由领导者错误发动，被反革命集团利用，给党、国家和各族人民带来严重灾难的内乱"，是新中国成立后遭到的"最严重的挫折和损失"，因而必须彻底否定。

县委书记焦裕禄在改变兰考自然面貌的斗争中鞠躬尽瘁，被誉为"县委书记的好榜样"。

新华社　供稿

1966 年 4 月 20 日，河南林县人民举行盛大集会庆祝
红旗渠竣工通水。 　　严世昌　摄　新华社　供稿

1967年
动乱局面

这年的局面乱糟糟，是名副其实的动乱或内乱之年。

开年1月，上海便掀起所谓的"一月风暴"。造反派夺取了上海市的党政大权。随后各地开始效仿，从中央到地方一大批党政领导干部或者遭受批判，或者靠边站。那时的通行说法，叫做"打倒"。在中央领导层，刘少奇、邓小平、陶铸三名政治局常委也被打倒了，他们被视为最大的"走资派"。上年成立的"中央文革小组"的权力越来越大，实际上代替了中共中央书记处的工作。

政治动乱愈演愈烈。"揪军内一小撮""砸烂公检法""文攻武卫"各种口号都提出来了。同一个省区，同一个城市，同一所学校，同一个工厂，同一个机关，成立起不同的群众造反组织，都认为自己最革命、最正确。相互之间以武斗的形式"打派仗"，愈演愈烈。

7月，武汉地区的两大派群众组织"工人总部"（后称"三钢""三新"）和"百万雄师"之间的斗争日趋激烈。到武汉来解决问题的所谓"中央代表"，擅自宣布"工人总部"是"革命左派"，把"百万雄师"定为保守组织，结果导致十余万"百万雄师"群众上街游行，并涌进"中央代表"的住地要求接见，遭到拒绝后，遂把"中央代表"抓到武汉军区大院，在群众集会上进行质问和批判。这就是震动全国的"七二〇事件"。在北京，8月7日还发生了让世界震惊的"火烧英国驻华代办处"事件。潘多拉的盒子一旦打开，怪事便连番而至。

这样的乱局，是中央领导层不愿看到的。中央军委发布"八条命令"，要求军队不能乱。一批老革命家对上海市的夺权不满，面对面地同"中央文革小组"成员作了斗争。中央不断提出平息事态的要求，诸如停止串联，外出串联的大学师生返回学校，"开始复课闹革命"；工矿企业只能在八小时以外搞"文化大革命"（以下简称"文革"）；禁止打、砸、抢、抄、抓，停止武斗，实行革命大联合；等等。

为稳定局面，中央决定让军队集中力量开展支左、支农、支工、军管、军训的工作，俗称"三支两军"。军队先后派出280多万名指战员，到工厂、农村、机关、学校。实际上，动乱并未停止下来。据统计，这年前三季度，工农业生产总值比上年同期下降9.6%。

乱局中出现难得的亮色。6月17日，中国试爆成功第一颗氢弹。毛泽东1958年6月提出："搞点原子弹、氢弹，我看有十年工夫完全可能。"正好是十年，中国实现了这个目标。而从第一颗原子弹到第一颗氢弹，美国人用了七年零三个月，苏联用了四年，英国人用了四年零七个月，中国人用的时间是两年零八个月。

1968 年
"全国山河一片红"

按当时的说法，1968 年是"文化大革命"取得胜利的一年。其标志，是 9 月间，随着新疆和西藏先后成立革命委员会（简称"革委会"），中国大陆 29 个省、市、自治区都成立了革命委员会，被称为"全国山河一片红"。当时还发行了一枚《全国山河一片红》的纪念邮票，因发现票面中的中国地图绘制不准确，而被紧急停止发行。如今，这版邮票已经成为极其昂贵的收藏品。

此后，各级"革委会"代替各级政府，成了权力机构。进入这个权力机构的人员，有军队代表、干部代表和群众代表，简称"三结合"。过去说的省人民政府，现在叫"省革委会"。过去说的厂长，则称"厂革委会主任"。

实现"全国山河一片红"以前，一些红卫兵和造反派组织把武斗推向了高潮。在北京，各派红卫兵和造反派组织，在校园内占领楼房，设置路障，以长矛或强力弹弓大搞武斗。清华大学的武斗发展到动枪纵火，北京大学两派从校园打到马路上，导致交通中断。北京派出 3 万多人组成的"首都工人毛泽东思想宣传队"（简称"工宣队"）派驻北京各大院校，制止武斗，促进联合。

"全国山河一片红"以后，前一阶段的大批大斗，逐步过渡到大改大立。不少领域由此便有了一些新的做法。

文艺领域，第一次公开提出"三突出"创作原则，意思是：在所有人物中突出正面人物，在正面人物中突出英雄人物，在英雄人物中突出主要英雄人物。这种公式化概念化的创作，由此成为"文革"时期的文艺主流。在工矿企业，则明令取消了奖金和福利。一些单位利用年终结余资金，购买呢绒毛料做工作服发给职工的做法，受到批评。

9 月，上海机床厂创办了"七二一工人大学"，招收该厂 52 名平均年龄 29 岁的工人入学，学制为两年，毕业后仍然回到本厂工作。这个经验很快得到推广。在大专院校停止招生的情况下，它不失为因地制宜培养工矿企业工程技术人员的可行途径。

从 1966 年到 1968 年毕业的三届大学生，开始分配了。新的分配政策是面向农村，面向边疆，面向基层。

从 1966 年到 1968 年的初高中毕业生，则投入到年底开始的轰轰烈烈的知识青年"上山下乡"运动。他们大多去了边疆、农村、兵团、农场。尽管并不熟悉将要去的地方，并不知道将会面临什么样的困难，但他们中有的人还是相信，广阔天地会大有作为。后来，他们果然把一生中最美好的时光留在了那里，并且渐渐地从城里人变成了"乡下人"。这场历时十年的"上山下乡"运动，一共下去了 1000 多万名知识青年，几乎涉及城里的每一个家庭。

著名的南京长江大桥全面建成通车。这是新中国桥梁建设史上自主设计、自行建造的第一座长江江面上的大桥。大桥正桥长 1577 米，宽 19.5 米，铁路桥全长 6772 米，公路桥全长 4589 米，两端接地部分建有 22 孔富有民族特色的双曲孔桥。通车一年后，为检验大桥的承载能力，曾调来一个装甲团从桥上穿过。118 辆坦克一字排开，车与车间隔 50 米，整个车队绵延近十公里，全部安然通过大桥桥面。南京长江大桥代表了当时中国桥梁建设的最高水平，开创了中国依靠自己力量修建特大型桥梁的历史。南京长江大桥通车后，结束了津浦、沪宁铁路 57 年隔江相望的历史，成为连接华东路网的重要交通枢纽。

当时还发生了一件秘而不宣、今天却不应漏记的事情。12 月 5 日，一位名叫郭永怀的科学家乘坐的夜航飞机在北京机场失事。当人们把两具紧紧抱在一起已经烧焦的尸体分开时，发现紧贴在两人胸部之间的一个皮包安然无恙。在生命的最后一刻，郭永怀和警卫员牟方东用血肉之躯保住了热核导弹试验数据。22 天后，中国第一颗热核导弹成功试爆。

1968 年，在辽宁金县湾里公社林场大队第四生产队安家落户的女知识青年，学习毛泽东的《青年运动的方向》。

新华社　供稿

1968 年 12 月 29 日，南京长江大桥全面建成通车。

新华社　供稿

1969 年
"新生事物"

新鲜事情层出不穷。当时宣传的"新生事物",不少是在 1969 年出现或推广的。

4 月在北京召开的中共九大,就有不少新鲜事:此前没有广而告之,代表由少数人酝酿协商产生;提出的"无产阶级专政下继续革命"理论,成为"文革"的理论依据;一批产业工人和农民当选为中央委员,其中还有一些在"文革"初期靠造反起家的人;在党章上写明中共中央副主席林彪是接班人;1966 年成立的"中央文革小组"这个机构也不见了。毛泽东明确讲,"文化大革命"就要结束了。他当时确实想把局势稳定下来。

在大城市,北京此前往大学派驻"工宣队"的做法,开始推广到中小学以及其他领域。仅上海,到 3 月份进驻各条战线的"工宣队"便已有 10 多万人。为了体现工人阶级占领教育阵地,进驻兰州第五中学的"工宣队",把学校名称改为了兰州铸造厂厂办中学。与此同时,全国各地的大中型厂矿企业,纷纷向上海机床厂学习,办起了"七二一工人大学"。据统计,到 1975 年,全国"七二一工人大学"有 1.5 万多所,78 万多学员。

在农村，则实行贫下中农管理学校。在农忙季节，学校教育普遍为生产让路。有的地方，生产大队自己办起了小学，教师的工资改为工分制加补贴，即"民办公助"，由此出现了一批"民办教师"。事实上，民办教师后来成为农村基层教师的主力。

在机关事业单位，则相继办起了"五七干校"，让一大批靠边站的机关干部和文教系统的知识分子，下放到农村或农场劳动。

人们的文化生活领域，这时候已经是"样板戏"一统天下。被树为样板的剧目，先后有现代京剧《智取威虎山》《红灯记》《沙家浜》《海港》《奇袭白虎团》，以及芭蕾舞剧《白毛女》《红色娘子军》，交响音乐《沙家浜》以及此后出现的钢琴伴唱《红灯记》，钢琴协奏曲《黄河》、现代京剧《龙江颂》《杜鹃山》等。这些作品，在艺术创作上不能不说是用了心思的，但除了它们，老百姓很难欣赏到其他作品。久而久之，无论男女老少，几乎每个人都能够来上几个唱段，说出几句道白。到后来便有了"八亿人民看八个样板戏"的说法，至于哪八个戏是最早的样板戏，则有不同说法。

下到云南农村的知识青年中，这年出现一桩新奇事。有人越过边界，参加了缅甸共产党领导的游击队，同缅甸政府军作战。人数先后达到300余人。有的人牺牲了，有的人则做了游击队的中高级指挥员。

人们接受的最新口号是："准备打仗！"因为3月间在黑龙江的中苏边境，爆发了珍宝岛自卫反击战。中苏两国的关系全面恶化，乃至到了战争的边缘。为了加强战备，防止敌人突然袭击，一大批老干部被疏散到各个地方。

这年工业和科技领域的新事物有：在河北建成具有60年代世界先进水平的大型氮肥厂，用中国自制钢材建成的第一艘1.5万吨巨型油轮"大庆

27 号"下水，我国自行制造和安装的第一台 12.5 万千瓦双水内冷汽轮发电机组建成并运转发电。最有名的科研成果，是用于治疗细菌感染疾病的抗生素——"庆大霉素"研制成功并正式投产。

革命现代京剧《沙家浜》   石少华 摄

革命现代京剧《红灯记》   石少华 摄

革命现代京剧《智取威虎山》　　　　　　　　　　　　　　　石少华　摄

革命现代京剧《杜鹃山》　　　石少华　摄

革命现代京剧《海港》　　　　　　　石少华　摄

革命现代京剧《奇袭白虎团》　　石少华　摄

革命现代芭蕾舞剧《红色娘子军 》　石少华　摄

革命现代芭蕾舞剧《白毛女》　　　　　　　　　　　　石少华　摄

1970年
多色年代

最混乱的几年过去了，1970年显得相对平稳，是个由好几种颜色装点起来的年份。

政治运动渐渐地少了些集中的主题，但一些新的运动名词不断出现。譬如"一打三反"，如果不借助百度搜索，今天的人们基本上不清楚它的意思。它的意思是打击反革命破坏活动，反对贪污盗窃、投机倒把、铺张浪费。还有"清理阶级队伍"，意思是要把"文革"前已经定性和"文革"中新揪出来的地主、富农、反革命、坏分子、右派、叛徒、特务、"走资派"各色人等再清理一遍，以纯洁阶级队伍。在1970年，即使是边远的乡村墙壁上，到处都刷着像"备战备荒为人民"这样的标语口号。

秋天，有一批幸运的年轻人，迈进了大学的门槛。北大、清华两校试点招收了4000多名学生，他们是1966年废除高考制度后，由工农兵推荐入学的第一批大学生，由此，也被称为"工农兵学员"。转过年去，大部分高校陆续重新招生，招收原则是"自愿报名，群众推荐，领导批准，学校复审"。这种招生制度结束于1976年，历时七年间，共有94万人成为"工农兵学员"。

　　下乡知青中，开始流传一首《知青之歌》。这首歌是南京一名下乡知青创作的，歌中思念的"美丽的扬子江畔，是可爱的南京古城"，感慨"金色的学生时代，已载入了青春的史册，一去不复返"。其他地方的下乡知青唱的时候，则把歌词说的南京风貌，换成自己故乡城市的风貌。这年，一个上海青年工人，把自己的堂弟写的儿歌《我爱北京天安门》，谱成曲寄了出去。此后，这首歌成为最流行的儿童歌曲。

　　在人们的记忆中，有一位外国元首，开始频频出现在中国的新闻媒体当中。他就是柬埔寨国王西哈努克。由于亲美的政治集团在他的国家搞了政变，他只好组织起流亡政府进行对抗，中国和朝鲜是他们经常居住的地方。北京的中小学生经常被组织起来到机场去欢迎或欢送他。中国人这样做，是为表达对越南、老挝和柬埔寨三国人民抗击美国斗争的坚定支持。那时候，中国对亚非拉发展中国家的支持力度很大。从赞比亚卡皮里姆博希，到坦桑尼亚首都达累斯萨拉姆全长 1860 公里的铁路，即人们熟知的"坦赞铁路"，就是这年由中国援建动工的。

　　1965 年正式开始的三线建设，一些重大工程在这年初见收获。从成都到昆明的铁路全线通车。成昆铁路穿越大小凉山和横断山脉，跨越大渡河、金沙江，有隧道 427 座，大小桥梁 991 座，长度占全线的 40%。这条大西南通道是在地质条件异常恶劣的基础上建设起来的。

　　成昆铁路经过的攀枝花钢铁公司，投产出铁。这个中国第一个自行设计、制造和施工的大型钢铁联合企业，解决了当时在普通高炉上不能冶炼钒钛磁铁矿的世界性难题，从开工建设到投产出铁，只用了 5 年时间。

　　最让中国人高兴的事情，是中国用自己制造的"长征一号"运载火箭，把自己制造的第一颗人造地球卫星，成功地发射上天。4 月 24 日那天晚上，各地的人们都仰望天空，眺望卫星匆匆划过。收音机里不断传来从卫星上发出来的《东方红》乐曲声。

以这次发射为标志，中国的"两弹一星"事业进入了一个新的时期。邓小平后来说："如果六十年代以来中国没有原子弹、氢弹，没有发射卫星，中国就不能叫有重要影响的大国，就没有现在这样的国际地位。"那么，都是谁为"两弹一星"成就作出了贡献呢？当时人们并不知晓。1999年新中国成立五十周年时，国家对研制"两弹一星"做出突出贡献的23位科学家，颁授了"两弹一星功勋奖章"。我们应该记下他们的名字：1999年还健在的于敏、王大珩、王希季、朱光亚、孙家栋、任新民、吴自良、陈芳允、陈能宽、杨嘉墀、周光召、钱学森、屠守锷、黄纬禄、程开甲、彭桓武；1999年以前已经去世的王淦昌、邓稼先、赵九章、姚桐斌、钱骥、钱三强、郭永怀。

1971 年
心理地震

有好几件事，在这年给中国乃至世界带来心理上的地震。

在日本名古屋举行的第 31 届世界乒乓球锦标赛上，一个叫科恩的美国运动员匆忙之间误上了中国代表团的交通车。下车的时候，被敏感的记者拍下照片，立刻在世界上引起轰动。随后，中国公开邀请美国乒乓球队访问中国。为了不特别突出美国人访问中国，中国政府还同时邀请加拿大等四个国家的乒乓球代表团一同来访。4 月 14 日，在接见美国乒乓球队的时候，谈笑风生的周恩来，显然是在向大洋彼岸的美国政府传达着微妙的信息。同日，美国总统尼克松发表声明，宣布结束已存在 20 年的对中美两国间贸易的禁令，放宽对中国的货币和航运管制。中美接近，引起世界一片惊讶，因为它改变了已经延续 20 多年的国际冷战格局。毛泽东说，中美间的乒乓外交，是小球推动大球转。

故事还没有完。美国国务卿基辛格秘密来到了中国。几经会谈后，双方发表公告称，美国总统尼克松将于 1972 年适当时候访问中国。这个消息让世界震惊，在中国人心里唤起的震动更为特别。那时候，人们从报纸、广播和电影"新闻简报"里经常看到、听到的，是来自亚非拉的朋友。至于美国，人们知道那是全世界一切罪恶的根源，人们最熟悉的一句口号，是"打倒美帝国主义"，怎么一下子要让他们的总统来中国访问了呢？

10月，就在基辛格离开中国的时候，又发生一件撬动世界格局的大事。设在美国的联合国总部大楼里，以76票赞成，35票反对、17票弃权的压倒多数，通过恢复中华人民共和国在联合国的常任理事国合法权利，把台湾国民党当局从联合国的一切机构中驱逐出去的提案。11月15日，当中国代表团第一次出现在联合国大会的会场时，全场的震动可想而知。

也是在这年，美国和日本两国国会通过的"归还"冲绳的协定中，公然把中国的钓鱼岛划入"归还区域"，由此引起了海内外中国人持续多年的"保钓运动"。

就在联合国恢复中国合法席位前后，一个让中国人更为吃惊的消息，传到了社会基层：中共中央唯一的副主席，常常是"万岁不离口、语录不离手"的林彪及其妻子儿子，9月13日凌晨乘飞机逃往苏联，坠毁在蒙古的温都尔汗。听到传达，很多人一下子都蒙掉了。随着一些材料的陆续公布，人们的心理再次发生地震：林彪居然是一个篡党夺权的阴谋家。林彪事件的发生，等于是在人们的背脊上猛击一掌，客观上宣告了"文化大革命"运动从理论到实践都是失败的。后来许多人回忆起来，大多说是从这次事件开始，对"文革"的做法产生了怀疑。

据新华社这年报道，医学家们总结传统中医里针刺止痛和针刺治病的经验，成功创造了我国独特的针刺麻醉技术。这年3月，中国成功发射了一颗科学实验人造地球卫星，这颗卫星正常工作了八年多，直到1979年6月17日陨落。

经济上也有了新的动作。全民所有制企事业单位和国家机关中，约有

1340万人在这年上调了工资。国家从上年开始对各省市自治区实行财政收支包干的新政策，这年又进一步规定，地方超收1亿元以下的，全部归地方；地方超收1亿元以上的部分，一半留给地方，一半上缴中央。财政上的"松绑"，使各地的建设起了劲头，职工人数这年突破5000万人，工资支出突破300亿元，粮食销量突破800亿斤。

1971 年 11 月 15 日，中华人民共和国代表团第一次出席联合国大会第二十六届会议。图为乔冠华团长在大会上发言。

钱嗣杰 摄

1972 年
"回 潮"

林彪事件造成的心理地震，催生国家政治生活出现一些好的变化。也有人反对这些变化，认为是"复辟"或"右倾回潮"，还说，被"文化大革命"运动否定的一些现象，又冒出了头。但"回潮"的做法，人们是欢迎的。

1972 年召开的计划、公安、交通、卫生各领域的全国性会议，少有地出现了批判极"左"思潮和无政府主义的主张。《人民日报》还以一个整版的篇幅发表《无政府主义是假马克思主义骗子的反革命工具》《坚持无产阶级铁的纪律》，这些文章提出，林彪等人口头上发表一些最左最革命的言论，实际上"进行着简直是流氓式的煽动"。

这种舆论很快引起争论。林彪及其同伙的做法究竟是极"左"还是极右，人们莫衷一是。说其极"左"，可能意伤"文革"；说其属右，道理上似又讲不通。由此提出一个新的概念，叫"形左实右"。

在具体做法上，明显的"回潮"迹象，是"文革"初期被打倒或靠边站的一批老干部，被解放出来，陆续回到领导岗位。"文革"初期被"踢开"的各级和各地党委机构，也开始重建起来。从 1967 年开始的"三支两军"

工作在这年也结束了，原来在机关、学校、企事业单位的军管小组、军宣队、军代表，开始撤回部队，其中有少数军队干部转业留在地方工作。

外交领域变化最大。美国总统尼克松 2 月访问中国。在和毛泽东会见时，尼克松称赞毛泽东的著作感动了中国，改变了世界。毛泽东回答：没有改变世界，只改变了北京附近的几个地方。还开玩笑地说，自己喜欢美国的"右派"（指共和党）。谈到当时中国盛行的口号"全世界人民团结起来，打倒帝修反"，毛泽东说：就个人来说，你不在打倒之列，都打倒了，我们就没有朋友了嘛！中美双方在上海发表《联合公报》，标志着两国关系开始了正常化进程。

9 月，日本内阁总理大臣田中角荣访问中国，中日两国政府发表《联合声明》，宣布建立外交关系。在打开中美关系大门后的一年里，中国先后与二十多个国家建立了外交关系，其中有十多个是过去敌视中国的西方发达国家。与此同时，1966 年中断的向国外派遣留学生的工作，也开始恢复起来。这年 12 月，中国向英国和法国派出 36 名首批留学生。

历史学和考古领域的"回潮"，来得更猛。出版部门在北京、上海两地集中近百名专家、教授、史学工作者，加速整理出版《二十四史》。1972 年是考古大发现的一年。人们在具有五千年文明史的土地上进行考古发掘，让祖先们创造的一个又一个奇迹呈现在人们眼前。

在安阳市小屯"殷墟"遗址，上年 12 月发掘出堆置有序的 21 片完整的牛肩胛骨，其中最多的一片上有 60 多个字，是关于商代王室祭祀的记载。这年 2 月，在云南发现两颗猿人牙齿化石，这是继北京猿人和蓝田猿人之后，在猿人化石方面的又一重大发现，由此确认古人类时期西南地区的猿人活动。3 月，长沙市郊马王堆的一座西汉初期古墓出土的大量文物，让人惊讶。当时还专门拍了一部纪录片，反映这一盛况。从距今 2100 多年的随葬品上刻的字迹看，这座古墓的主人是当时长沙国丞相 50 岁左右的妻子。出土的女尸皮肤竟然还有弹性，内脏器官完整，血型为 A 型。人们不得不叹服古人保存尸体的精妙做法。在这期间，古代丝绸之路沿线的甘肃河西走廊和新疆塔里木盆地一带，还发现了大批汉唐时代的中国丝绸，这些丝绸保存良好，颜色鲜艳，花纹优美，为研究古代丝绸提供了宝贵资料。

除了考古，另一种形式的挖掘也遍及中国。为落实"深挖洞，广积粮，不称霸"和"备战备荒为人民"的号召，几乎每个单位都挖了各种各样的"防空洞"，有时还进行一些防空演习。这些用于备战的人防工程，在"文革"结束后，大多改建为招待所或地下商场。

经济发展也有起色。为扭转企业亏损，这年提倡实行经济核算制，允许国营企业在完成主要计划指标后，从利润中提取一定比例的奖励基金，用于职工的集体福利和给先进生产者以物质奖励。

1972 年 2 月 21 日上午，美国总统尼克松乘坐的空军一号飞机降落在北京机场。中美两国领导人的手握在一起，标志着中美关系一个新时代的开始。

杜修贤 摄

1972年9月，毛泽东在中南海书房会见首位来华访问的日本首相田中角荣。　　杜修贤 摄

1973年
"回潮"和"反潮流"

这年流行的口号是"反潮流"。反潮流针对的是上年开始的"回潮"现象。这两种趋势，相互对垒，影响着 1973 年的走向。

中央领导层的结构，出现了明显变化。3 月，曾经的第二号"走资派"邓小平复出，担任了国务院副总理，随后又相继出任中共中央副主席、中国人民解放军总参谋长。8 月间召开的中共十大，引人注目的是造反派出身的王洪文也成为中共中央副主席。这样，在党内便出现了以周恩来、邓小平、叶剑英、李先念等老一辈革命家为一方，以王洪文、张春桥、江青、姚文元为一方的两种政治力量。对后者，毛泽东稍后称之为"四人帮"。

"文革"已经搞了七年，人们对一个接一个的政治运动已经疲倦了，继续调整极"左"的做法成为多数人的愿望。

打开中美关系的大门，同一批西方国家建立外交关系，使中国开始有了全面走向世界的机会。一直在搞经济调查的陈云，这年提出一个观点，说不研究资本主义不行了，必须要学会和资本主义打交道。这年和资本主义国家打交道的最大举措，是开始实施从国外进口 43 亿美元成套设备的方案，简称"四三方案"（到 1977 年底实际对外签约成交 39.6 亿美元）。引进的项目包括化肥、化纤、石油化工、综合采煤机、透平压缩机、燃气轮机、斯贝发动机以及武钢的 1.7 米轧机等。

一种叫"的确良"（又称涤纶，英文为 polyester）的衣服成为时髦。"的确良"材料的衬衣和裤子，较为笔挺，洗完后不起皱，比棉布衣服好看，深受年轻人喜爱。1973 年成为"文革"以来国民经济形势最好的一年，全年工农业总产值比上年增长 9.2%。

中国科学院数学研究所的助理研究员陈景润，这年把数学界的"哥德巴赫猜想"研究向前推进了一大步。陈景润身体患病，国家当即把他送到医院检查治疗。也是在这年，中国试制成功第一台每秒钟运算 100 万次的集成电路电子计算机。

大学招收工农兵学员的工作，这时也提出来要经过考试才能入学，起码要达到初中文化程度。湖南排演的一出叫《园丁之歌》的花鼓剧，把老师塑造成了正面的好角色，表达出尊重知识、尊重教师的主题。

把持新闻舆论界的"四人帮"不干了。他们针锋相对，开始树立"反潮流"的英雄。首先被选中的，是一位在大学招生物理考试中交了白卷的知识青年。他们借此宣传说，从工农兵中招收大学生搞文化课考察，是对教育革命的反动，是资产阶级向无产阶级的反扑，是旧的高考制度的复辟。敢于交白卷，是反潮流的英雄。结果，这位知识青年不仅进了大学，还立刻入了党，担任了大学的领导职务，不久还成了全国人大常委。那时候，人的命运真是难以把握。

甚至连小学生，也在不经意间被树为"反潮流"英雄。北京中关村一个三年级孩子因为和班主任有点矛盾，就有人把她的日记当作批判"师道尊严"的材料拿到报上公开发表。一时间，全国学生都被动员起来，纷纷批判师道尊严。非常岁月，总要出现一些意想不到的事端。河南省唐河县马振扶公社中学一个初二学生，考英语交了白卷，并在试卷背面写道："我是中国人，何必要学外文，不学 ABCD，也能当接班人。"这位学生受到班主任批评后跳水自杀，立刻被定性为"完全是修正主义教育路线的迫害所造成的"。还有奇怪的事情，为证明强调考试毫无道理，教育部门采取突然袭击的办法，对北京地区 17 所高等院校的 631 名教授、副教授进行数理化考试，结果受到许多教授的抵制。

上山下乡遇到生活困难的知识青年，这年引起了关注。福建省莆田县一个小学教师给毛泽东写信反映自己下乡的孩子生活很困难，毛泽东寄去 300 元钱，表示："全国此类事甚多，容当统筹解决。"随后，召开了全国知识青年上山下乡工作会议，决定身边只有一个子女的不动员上山下乡，提高上山下乡经费开支标准，知识青年插队头一年，仍吃商品粮，参加分配后，吃粮水平不低于当地单身整劳力。

袁隆平率先在我国进行杂交水稻的研究，作出突出贡献。图为袁隆平与湖南省农科院水稻所的科技人员在稻田现场。

王 平 摄　新华社　供稿

1974 年
惯　性

社会生态和人们的政治经济生活，这年按惯性运行着。

1 月，中国人民解放军与南越军队在西沙群岛发生激战，一举收复了甘泉、珊瑚、金银三岛，捍卫了我国领土主权。事有凑巧，3 月间有一个惊人的考古发现，那就是被称为"世界第七大奇迹"的秦始皇陵里的兵马俑。那些两千多年前栩栩如生的将军和士兵，威风凛凛的战争队形，使所有参观的人们都不由得生出无限感慨。

搞了多年的汉江丹江口水利枢纽初期工程这年建成了。四十多年后建成的南水北调中线工程，就是以丹江口水库为水源地的。与此同时，中国在渤海湾地区建起了又一个大油田——胜利油田。

从 1964 年开始研究杂交水稻的湖南省安江农业学校教师袁隆平，经过十年摸索，终于培育出第一个杂交水稻强优组合南优 2 号。一年后，他又成功研制出杂交水稻种植技术，为全国大面积种植杂交水稻奠定了基础。

这些按正常的建设惯性积累起来的成就，似乎都没有引起意识形态和新闻宣传领域的太多关注。相反，这年人们感受较多的却是一些借题发挥的批判攻势。

林彪事件后，在其住处发现其抄有"克己复礼"之类的孔子语录，这就为把林彪和孔子联系起来批判提供了借口。1月起，全国掀起一场"批林批孔"运动，连带还要"评法批儒"，也就是要正确评论历史上的法家思想，批判历史上的儒家思想。在"批林批孔"和"评法批儒"中，影响最大的自然是北京大学、清华大学大批判组以"梁效"（"两校"）的笔名，编写的材料和文章，诸如《林彪与孔孟之道》《孔丘其人》《"克己复礼"再批判》等等。

对普通老百姓来说，他们并不清楚几千年前的孔子，历史上那些法家或者儒家，和现实政治有什么关联。但不管懂不懂，工农商学兵，都被动员起来去批判这些"老古董"，还出现了一批工农兵学哲学小组、评论组、批判组。比如，这年宣传的典型，是天津市宝坻县的小靳庄，说是他们办起了政治夜校，培养贫下中农的理论队伍，让贫下中农登台讲历史，开展群众性的诗歌创作活动，移风易俗、破旧立新等等。

可谓是树欲静而风不止。有人喜欢在大批判的惯性轨迹上塑造社会生态。

那时候，老百姓在电影院里看的片子，有这样的三句顺口溜：越南的飞机大炮，朝鲜的哭哭笑笑，中国的新闻简报。中国拍了那么多的新闻简报，但不是领导人会见外宾，就是开会学习，而老百姓的实际生活状况，却很少见。好不容易，一个叫安东尼奥尼的意大利摄影师，当时在中国拍摄的一部纪录片《中国》，还没有在中国公映，这年便受到规模不小的公开批判，说是歪曲了中国人民的现实生活。今天许多搞纪录片的人都说，幸亏有这部片子，要不然找1970年代初期中国社会的真实镜头，还不知道从哪里去找呢。

"项庄舞剑"的批判，意在现实。这年有两件事给人印象深刻，也让人哭笑不得。中国彩色显像管生产线考察团到美国访问时，美国康宁公司送给考察团一件玻璃蜗牛礼品。江青知道后，说这是在"骂我们，侮辱我们"，引进彩色显像管是"屈辱于帝国主义的压力"，是"崇洋媚外"，由此导致一场"蜗牛事件"，引进彩色显像管生产线的工作被迫推迟了好几年。

再一件事，就是我国自行设计制造的万吨级远洋货轮"风庆"号，远航欧洲回国，这本来是件好事，可有人偏偏逼迫在货轮上协助工作的交通部两位干部，批判交通部在造船问题上的"洋奴哲学"和"崇洋卖国"。遭到拒绝后，竟然把两位干部扣留在上海进行批斗，由此酿成"风庆轮事件"。

"蜗牛事件"和"风庆轮事件"是针对周恩来和邓小平的。甚至连毛泽东提议的，让邓小平率领中国政府代表团赴联合国参加第六届特别会议，都遭到"四人帮"的反对。由于毛泽东坚持，邓小平得以成行，并且在这届联大特别会议上详细阐述了毛泽东提出的"三个世界"划分理论。

对"四人帮"的批判攻势，毛泽东很不满意，在中央政治局会议上批评他们搞"小宗派""动不动就给人戴大帽子"。12 月底，毛泽东提出新的治国思路，叫做学习理论、安定团结、把国民经济搞上去。这三项指示，成为来年工作格局发生良好变化的依据。

1975 年
整　顿

1975 年的中国，像是有一道光亮，投射出一个鲜明的主题词——整顿。

整顿源于 1 月召开的第四届全国人民代表大会。这届人大有两个最大的亮点。一是在周恩来作的《政府工作报告》中，重申 1964 年提出来的实现农业、工业、科学技术、国防"四个现代化"目标。一是邓小平担任了第一副总理，由于周恩来病重住院，邓小平主持中共中央日常工作，并代周恩来主持国务院工作。

所谓整顿，就是消除"文革"以来各领域的无政府主义坏做法，整治在单位里闹派性的人，加强集中统一，恢复和健全生产秩序和规章制度。邓小平大刀阔斧主持整顿的依据，就是毛泽东在上年底提出来的学习理论、安定团结、把国民经济搞上去。邓小平概括为"三项指示为纲"，他抓住的实际上是后两条。第一条则是"四人帮"起劲抓的事情。

四届全国人大一次会议一结束，邓小平就在军队干部会上发表《军队要整顿》的讲话，传达毛泽东提出的军队要整顿的指示，着力整顿军队存在的"肿""散""骄""奢""惰"问题，全面整顿的序幕，就此拉开。

在经济领域，则是以铁路整顿为突破口，确保运输安全正点。结果只用两个月时间，严重影响国民经济生产的铁路运输状况大为改善，由此震动了其他行业。随后是重点抓钢铁生产和各种企业的整顿，这年的钢产量由 1974 年的 2100 万吨上升到 2500 万吨。农业、教育、文艺和科技的整顿，也次第展开。

在整顿中，自然要触动一批人。一方面是打击帮派势力，制裁一批打砸抢分子，用邓小平的话来说，叫做"老虎的屁股也要摸一摸"。另一方面，动静更大的，是根据毛泽东关于尽快结束专案审查把人放出来的意见，释放大批在"文革"中被关押受审查的老干部。其中属于敌我问题的，有劳动能力的分配工作，丧失劳动能力的养起来，有病的安排治疗。属于人民内部矛盾的，妥善安置，补发工资，分配适当工作，党员则恢复组织生活。明显是搞错了的，则进行平反。于是出席这年国庆招待会的人员，《人民日报》报道了很长的名单，有许多是"文革"中被打倒的老干部，算是借机向社会表示，他们被解放出来了。一度被称为"臭老九"的知识分子，政治待遇也逐渐好起来，因为毛泽东借用《智取威虎山》中的台词说了句话："老九不能走。"

社会氛围开始宽松。最后一批战犯也被释放出来了，一共有 293 名，全部给予公民权。每人发给一套新制服装和一百元零用钱，还把他们集中到北京开欢送会。有工作能力的，安排适当工作，有病的治病。愿意去台湾回到国民党阵营的，给足路费，提供方便。

文艺界也有了新气象。毛泽东对邓小平说，"百花齐放都没有了。别人不能提意见，不好。""文艺政策应该调整一下，一年、两年、三年，逐步扩大文艺节目。"在邓小平推动下，当时受到封杀的新拍电影故事片《创业》和《海霞》，开禁放映。10 月，反映长征历史的歌舞《长征组歌》和话剧《万水千山》，以及人们多年前熟悉的《黄河大合唱》，在文艺舞台上引起轰动，在人们心中唤起一种特殊情感。

全面整顿使经济发展出现好的势头。这年的工业增长达到 5%。其他建设成就还有：中国当时最大的水电站刘家峡水电站建成，同时建成的还有从刘家峡到甘肃天水和陕西关中地区的第一条超高压输电线路；第一条电气化铁路宝成铁路全线通车；中国用"长征二号"运载火箭成功地发射了一颗返回式遥感卫星，成为继美国和苏联之后第三个掌握卫星回收技术的国家。

整顿实际上是着手系统纠正"文革"的错误。邓小平后来说，整顿实际上就是改革，改革是从整顿开始的。

与此同时，"四人帮"也没有闲着，先后抛出《论林彪反党集团的社会基础》和《论对资产阶级的全面专政》两篇重头文章。到夏天，又搞起莫名其妙的评《水浒》运动。人们被告知，这部古代的小说并不是歌颂农民起义的，而是歌颂了农民革命的叛徒宋江。拿出一部古人写的小说来说事，目的是要说当前在中央主持工作的人就是像宋江那样的投降派。或许，只有在非常的年代，才有这种奇异的联想和影射。

秋天，在大寨召开了一个规模浩大的全国农业学大寨的现场会议，各地来了很多人。农业学大寨，本来是要学他们艰苦奋斗的创业精神，以促进发展农业，但在当时却变了味道。江青在这个会上大讲评《水浒》，围绕怎样看全国农村的现状，邓小平还和她发生了一场言语冲突。

随着整顿工作不可避免地走向对"文革"的否定，形势很快紧张起来，整顿随即中断。到年底，一场"反击右倾翻案风"的运动在全国开展起来。

1975 年 1 月 13 日至 17 日，第四届全国人民代表大会第一次会议在北京举行。　杜修贤　摄

1976 年 1 月 8 日，周恩来总理逝世。图为 1976 年 1 月 11 日下午 4 时 30 分，灵车载着周总理的遗体前往八宝山火化，沿途马路两边挤满了送行的人。　　　　　　　　杜修贤　摄

1976 年
龙年悲欢

1976 年，按中国的老话，属龙年。龙年，中国人崇拜的龙似乎就要抬起头来，这一抬就有了太多的故事和变化，给中国人留下太多的悲欢和感慨。

"文革"已经进行到第十个年头。在经历了狂热、盲从、困惑、疲惫之后，人们对现实越来越表示怀疑，对未来的变化越来越忧虑，各种各样的"小道消息"也越来越多。不安宁的社会偏偏又在这一年遭遇到一些不测事件。

无论过了多少年，在中国人的记忆中，1976 年都是和这样几件事情联系在一起的。

1 月 8 日，新中国开国总理周恩来逝世。在他的遗体送往八宝山的时候，沿途出现十里长街送总理的空前悲伤景象。1 月 15 日，邓小平在周恩来追悼大会上致完悼词后，便不再公开露面了。随后华国锋担任了国务院总理，不久担任中共中央第一副主席。

4 月 5 日清明节那天，天安门爆发悼念周恩来、反对"四人帮"的群众运动。当时被称为"天安门反革命事件"。但事情过后，人们到处传播在那短短的几天时间里，出现的诗词歌赋。"欲悲闻鬼叫，我哭豺狼笑。洒泪祭雄杰，扬眉剑出鞘"，这是至今人们都还记得的诗。

4月8日，邓小平的党内外一切职务被撤销，去年开始的"反击右倾翻案风"运动，变成了"批邓、反击右倾翻案风"。

7月6日，开国元勋、全国人大常委会委员长朱德逝世。朱德是中国人民解放军的主要创建者之一，长期担任红军、八路军和人民解放军的总司令。如今，在中共党史上形成的毛泽东、周恩来、刘少奇、朱德的领导格局中，只剩下毛泽东一人了。他的悲患心境可以想见。

7月28日，唐山大地震，一座城市顷刻间消失了，死亡人数达到24.2万人。北京的震感也很强烈。人们说，这是不祥之兆。北京市民纷纷搬到地震棚里居住。

9月9日，中国共产党、中国人民解放军、中华人民共和国的主要缔造者和领袖毛泽东逝世。举国上下一片悲痛，国际上悼念如潮。长期以来，毛泽东已经成为党、国家和民族的象征。中央决定在天安门广场修建毛主席纪念堂，一年后，这座矗立在天安门广场的代表性建筑便建成了。如今，到毛主席纪念堂参观的人仍络绎不绝。五年后，中国共产党的《关于建国以来党的若干历史问题的决议》说，毛泽东是伟大的马克思主义者，伟大的无产阶级革命家、理论家、战略家。他晚年犯了严重错误，但要把毛泽东思想和毛泽东的晚年错误区分开。

在毛泽东逝世的时候，许许多多的人都有一种天塌下来的感觉，不知道往后该怎么办。结果，变化很快到来。10月6日，经历大悲大患的中国人，迎来大喜的事情。"四人帮"被抓了起来，实际上宣告了一个时代的结束。今天的电视节目说到这件事情，常常出现当时拍摄的长安街上庆祝游行队伍喜气洋洋扭秧歌的镜头。

11 月，对"四人帮"的批判渐趋高潮。

12 月 22 日那天的电视节目，在唱完歌颂大寨的组歌之后，压轴演唱的是老歌唱家郭兰英。也许是因为练习不够，音调时时颤抖，反而更感动了听众，博得了同情。听众席上不断地响起暴风雨般的掌声，谢幕五次，掌声不息。

12 月 30 日，《人民日报》发布消息：被"四人帮"打入冷宫的音乐舞蹈史诗《东方红》以及《洪湖赤卫队》《白毛女》《八一风暴》《朝阳沟》《小刀会》等六部影片，将于 1977 年重新上映。

1976 年，是在人们由衷的歌声中结束的。

1976年4月5日，首都群众自发走到天安门广场，悼念周恩来总理，反对"四人帮"，史称"四五"运动。

杜修贤 摄

1976 年 7 月 6 日，朱德委员长逝世。

杜修贤 摄

1976 年 7 月 28 日，河北省唐山市发生大地震。　　　　　　　　　　　杜修贤　摄

1976年9月9日，毛泽东主席逝世。

杜修贤　摄

1976 年 10 月 30 日，首都群众欢庆粉碎"四人帮"的胜利。　　杨武敏　摄　新华社　供稿

1977 年
徘徊前进

1977 年的元旦和春节，看起来有些像政治化的节日，也是那时人们发自内心的高兴日子。人们喝酒，轻轻松松地串门聊天，谈的话题几乎都是有关抓捕"四人帮"的各种传闻，或者是关于毛泽东的继承人华国锋的一些事迹。那时，几乎每一个集会，人们都要唱一唱《祝酒歌》，唱一唱像《绣金匾》这样的老歌。可以说，在很短的时间里，来了一个老歌普及运动，而《祝酒歌》的出现，则使中国有了新的流行歌曲。

2 月，中国科学院数学研究所研究员杨乐和张广厚，经过多年努力，摘取到一颗函数理论王国的硕果，在世界上第一次找到了函数值分布论研究中"亏值"和"奇异方向"之间的有机联系及其分布规律。媒体广泛报道，科学受到应有的尊重。这年，在中国科学院哲学社会科学学部基础上，正式成立了中国社会科学院。

人们有一种释放的感觉。当时的一些外国媒体报道说，中国人比较健谈了，说话的时候也有了一种轻松感。但这毕竟还是乍暖还寒的季节，人们心头的禁锢和沉重并没有远去。

2月7日《人民日报》发表的一篇叫《学好文件抓住纲》的社论，提出"两个凡是"，即"凡是毛主席做出的决策，我们都坚决维护；凡是毛主席的指示，我们都始终不渝地遵循"。给人的感觉是，虽然粉碎了"四人帮"，但历史似乎仍会在过去的轨道上延续和滑动。8月召开的中共十一大，报告中还说："第一次文化大革命的胜利结束，决不是阶级斗争的结束，决不是无产阶级专政下继续革命的结束。文化大革命这种性质的政治大革命今后还要进行多次。"

这些主张，使人们在长期动乱后急切要求澄清是非的愿望，得不到满足，并形成新的思想禁锢。许多在"文革"中受到冤屈的人，最迫切的愿望是改变自己的政治命运。在北京的大街小巷，到处都可以看到一些上访的人。人们为改变自己命运付出的努力，没有获得应有回报。因为"以阶级斗争为纲"的政治路线，"文化大革命"的惯性，仍然封冻着已经开始苏醒的时代心灵。

当时人们最为关心的，有两件事情。一件是为"天安门事件"平反，但是，当有人贴出要求平反的大字报时，他们被当作反革命分子抓了起来。另一件事情是呼吁邓小平出来工作，这个愿望实现了。一部纪录片记录下来一个场景，当73岁的邓小平7月下旬在举办足球比赛的体育场出现时，许多人爆发出热情的欢呼。

直接给全社会带来最普遍希望的重大事件，是恢复高考。从1966年停废高考，到1977年9月决定恢复高考，已经积累了11届高中毕业生。一位下乡知青后来回忆："高考前一个月的一天下午，正在农田水利建设工地热火朝天地干活的我，突然抬头看到了城里工作的父亲推着自行车来到工地，父亲没有到我身边，径直走到生产队长跟前，和队长在说着什么，不一会儿，父亲过来喊我：'闺女，咱回家吧。'我肩扛铁锹，满身泥土，鞋里的土都没顾得上倒掉，就坐在了父亲自行车的后座上。父亲说，我用邓小平的一句话'要鼓励考生复习',为你请了假。"

冬天,全国有 570 万人参加高考,最后录取 27.8 万人,录取率是 4.9%。录取率之低,极为罕见;对改变青年人命运的影响之大,也极为罕见。

就在许多人准备高考的时候,《人民文学》发表的短篇小说《班主任》,激发起人们空前的文学阅读热情。文学真的成了时代的晴雨表和温度计。这篇小说塑造了讲真话的新型老师张俊石、"好学生"谢惠敏和"不守规矩"的学生宋宝琦三个人物,大胆揭露和控诉了极"左"思潮对一代人的精神伤害,被认为是开启"伤痕文学"乃至新时期文学的标志性作品。

1977 年冬天，570 万年龄参差不齐的青年走进高考考场。
图为在北京参加高考的青年正在认真答卷。 *新华社　供稿*

1978年
梦想与命运

众所周知，1978年是中国的"改革元年"。

"文革"结束后，经历两年徘徊中前进的局面，中国的历史承载着梦想，迎来巨大的命运转折。

新年头一天，来得也很温暖。新华社报道说，全国有60%的职工增加了工资。这是新中国成立以来，增加工资规模最大的一次。

报纸上讨论按劳分配的文章多了起来。3月12日，《人民日报》发表《开滦煤矿实行按劳分配政策获得良好效果》。此时的开滦煤矿，还遇到一件烦心事，他们想给职工发奖金，但多数人反对，因为过去批判过"奖金挂帅"。9月，邓小平视察开滦煤矿时，陪同人员向他提出，煤炭价格太低，工人福利差，井下工人劳动强度大，艰苦危险。现在没有奖金，可否发一点，井下班长实行岗位津贴。邓小平当场拍板，"可以"。从此，在企业发放奖金的做法开始流行。

命运转折的到来，虽不乏凝重，却更有梦想。年初，《重庆日报》收到一份奇特的"寻人启事"。启事说，重庆钢铁公司机修厂一个叫白智清的技术员，"文革"后期因多次给中央写信，反对"宁要社会主义的草，不要资本主义的苗"这个提法，结果在 1976 年被捕入狱。如今天空已晴朗，真相已大白，然而白智清仍然杳无音信，希望《重庆日报》把这份启事公之于众，帮助找到白智清。几个月后，白智清出狱了。当人们问他最需要什么时，他伸出四个指头说，要"四个现代化"。

实现工业、农业、国防和科学技术的现代化，是 1978 年最凝聚人心的口号，也是人民的普遍梦想。但现代化究竟是什么样子呢？中国派出不少代表团到亚洲和欧洲去访问"摸底"，去参观感受。得出的结论是，中国与发达国家的差距很大，要放手利用国外资金，大量引进外国先进技术设备。

3 月的时节格外美好。"文革"后恢复高考录取的第一批大学生，怀揣各式各样的梦想跨进了校门。他们当中，有 11 年前就告别学校的老三届，已是拖家带口之人；也有刚刚毕业的高中生，尚未见过世面。几天前，他们还在农村的田野，工厂的车间，部队的军营，一夜之间，他们的命运发生了根本改变。中国科技大学甚至还开办了少年班。最大的 16 岁，最小的才 11 岁。这个消息被炒得沸沸扬扬。中国，一下子发现是那样的需要人才，而人才又是那样的紧缺。

就在第一批大学生跨进校园的时候，上千名科学技术人才在人民大会堂相聚了。这是新中国成立以来召开的第一次全国科学大会。大都已白发苍苍的科学家，久别重逢，相聚一堂。他们从此摘掉了戴在头上的"资产阶级知识分子"这顶无形的"帽子"，回归到工人阶级队伍，迎来命运中的第二个春天。干"四化"，搞科研，点燃所有知识分子的梦想。

与此同时，一大批文艺期刊相继复刊或创刊，为人们的精神世界，释放了活力，开拓了空间。复旦大学一位学生发表的短篇小说《伤痕》，继去年的《班主任》之后，展示出过去岁月在人们心中刻下的"伤痕"。文学的复苏和走向繁荣，不知让多少青年人开始做起了文学梦。

读书成了青年人最有兴趣的选择。一大批在"文革"中被当作"封资修"的图书在这一年解除了禁忌。不少人都有一大早起来到新华书店门口排队买书的经历。许多年轻人正是从这个时候起，才读到《安娜·卡列尼娜》《高老头》和《西厢记》这些曾经被视为"封资修"的作品。

作家徐迟的报告文学《哥德巴赫猜想》，让整个世界都认识了一个叫陈景润的年轻数学家。知识分子再也不是"臭老九"，一下子空前地吃香起来。大学里的老师们恢复了中断十年的职称评定，有一个教授、副教授哪怕是讲师的职称，特别让人羡慕。

针对上年发表的"两个凡是"主张，思想理论界的转折，在5月走到了临界点。5月11日，《光明日报》发表一篇题为《实践是检验真理的唯一标准》的文章。一石激起千层浪，全社会迅速开展起关于真理标准的大讨论。根据统计，从5月到年底，全国省级以上的报刊发表关于真理标准讨论的文章有650多篇。从中央到各省市自治区的重量级的政治家和军队的高级将领，也纷纷就这个未必属于他们专业范围的话题表示了态度。今天的人们，可能无法想象，一个简单的哲学命题，一种已经被前人咀嚼过千百遍的思想，竟能在1978年把中国搞得沸沸扬扬，并由此改变了中国的命运。

邓小平在12月召开的中央工作会议上，发表了题为《解放思想，实事求是，团结一致向前看》的著名讲话，里面说得很明确："目前进行的关于实践是检验真理的唯一标准的讨论，实际上也是要不要解放思想的争论。""从争论的情况来看，越看越重要。一个党，一个国家，一个民族，如果一切从本本出发，思想僵化，迷信盛行，那它就不能前进，它的生机就停止了，就要亡党亡国。"结论就是，只有恢复毛泽东实事求是的思想路线，中国的命运才可能发生根本性的转折。

普通老百姓或许不熟悉真理标准大讨论，甚至也未必知道什么是真理标准，但他们肯定清楚，满足老百姓生活需要的政策，才是对头的政策，才会带来命运的转变。

山西运城稷山县一位下乡知青给《光明日报》写信说，当地农村的集市贸易被当作"资本主义的尾巴"割掉了，农民要买的东西无处买，要卖的东西无处卖，只好走村串户，东躲西藏，很不方便。建议恢复农村集市贸易。7 月 21 日，《光明日报》登出此信，还引来一场风波。但不久，集市贸易真的恢复了。

1978 年，农民掌握自己命运的最大举动，要算搞土地承包了。一些地方搞起了 1960 年代初曾经试验过的包产到组或包产到户。安徽省凤阳县小岗生产队，干脆搞起了"大包干"，就是把土地彻底包给每家农户自己去种，打下粮食，先交国家的，后交集体的，剩下都是自己的。当时，这是违反人民公社经济制度的做法。为此，安徽小岗村的 18 户农民，在 1978 年 11 月 24 日这天，还按下手印，说如果哪一天生产队领导为此事被抓了，大家要抚养他的孩子。

人们的思想和情绪，确实和以前不同了。夏天，1976 年 4 月发生的"天安门事件"仍然被称为反革命事件的时候，上海工人文化宫的一批业余演员，排演了一出叫《于无声处》的话剧，明确提出要为"天安门事件"平反，引起社会轰动。11 月，"天安门事件"获得平反，《于无声处》剧组还被邀请到北京演出。

影响中国命运的历史转折，最终要靠中央领导层的决策来实现。12 月 18 日至 22 日召开的中共十一届三中全会，恢复实事求是的思想路线，停止使用"以阶级斗争为纲"的口号，作出把工作重点转移到社会主义现代化建设上来，多方面改变同生产力发展不相适应的生产关系和上层建筑，实行改革开放的战略决策。以此为标志，中国正式进入改革开放的历史新时期。"十一届三中全会以来"，此后在中国政治术语中频繁出现。

十一届三中全会闭幕三天后，颇有影响的美国《时代》杂志，把邓小平评为 1978 年度的风云人物，它用 48 页系列文章介绍了实现历史转折的中国，打头的文章标题是《中国的梦想家》，称邓小平是"一个崭新中国的梦想者"。

十一届三中全会闭幕四天后，北京大学、清华大学和中国科学院等单位的 52 名大学老师和研究人员，在首都机场登上了飞机。他们是第一批公派到美国的留学生。说是学生，其实他们当中，年龄最大的已经 48 岁，最小的也有 37 岁。显而易见，他们的命运和国家一道，发生了巨大改变。在当时，他们不缺梦想，但缺的是外汇。这么多人，除机票以外，一共只有50 美元的费用，被领队牢实地揣在口袋里。这批留学生后来都回了国，成为各个领域的科研骨干。

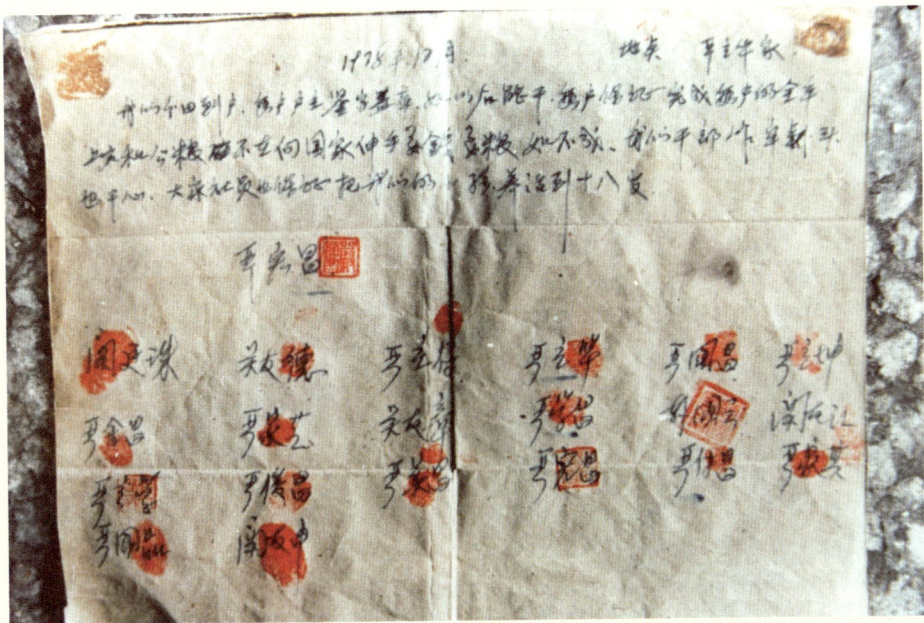

1978 年冬天，在安徽省凤阳县小岗村一间破草屋里，18 位农民在一张契约上按下血红的指印。一纸契约，记录了中国农村"大包干"的历史。

于 杰 摄 新华社 供稿

1978 年 12 月 18 日至 22 日，在北京举行的中共十一届三中全会重新确立解放思想、实事求是的思想路线，把党和国家工作重点转移到社会主义现代化建设上来，并作出实行改革开放的战略决策。

钱嗣杰 摄

1979 年
新气象

元旦那天，邓小平在全国政协座谈会上宣布了三件事：中央把工作重心转移到经济建设上来；中美关系实现正常化，正式建立外交关系；把台湾归回祖国、实现统一大业提到具体日程上来。这天，台湾金门岛的上空，传来对面厦门中国人民解放军福建前线广播站的声音："中国政府已命令人民解放军从今天起停止对金门等岛屿的炮击。"

开门三件事，件件是喜事，件件新气象。

元旦过后是春节。除夕之夜，人民大会堂举办了中断 15 年的春节联欢活动。在这个晚会上，人们意外地发现了许多曾经熟悉的面孔。消失多年的一些老艺术家和老干部，参加了这次晚会。《将相和》《白蛇传》，武打文唱，好戏连台，笑声不断。

大量冤假错案得到平反，老干部重新回到了工作岗位。几十万被打成右派的人们，在经历 20 年的坎坷之后，身份得到了改正。几百万地主、富农、反革命、坏分子，也摘掉了头上的帽子。连同他们的亲属，上千万人的政治生命从此得到了改变。他们的子女在上学、就业和婚姻上获得平等的机会。

上千万上山下乡知识青年告别了农村边寨，回到了久别的城市。走在大街上，他们发现正在上中学的弟弟妹妹们不再戴红卫兵的袖章，上小学的孩子们也重新戴上了他们小时候戴过的红领巾。走在大街上，他们还发现，一些机关门口的"革命委员会"的牌子被取了下来，换上了各级人民政府的牌子。他们最深刻地感觉到，一个时代结束了，另一个时代开始了。

回到城里的知识青年们，最头疼的问题是找工作。政府这年推出第一个关于发展个体私营经济的政策，提出"各地可根据市场需要，在取得有关业务主管部门同意后，批准一些有正式户口的闲散劳动力从事修理、服务和手工业者个体劳动"。到年底，全国批准开业的个体工商户已有十万户左右。

《人民日报》在6月25日那天登出一则"承接国内外用户直接订货"的广告。登广告的是位于四川的宁江机床厂。这是新中国历史上社会主义改造完成后的第一个生产资料广告。今天看来是件很普通的事，对当时的企业界、经济学界以及某些政府部门来说，却不啻于一场"大地震"，甚至引发了"想挑战马克思"的争论。这个广告，也使跨出企业扩权第一步的宁江机床厂，被推到了风口浪尖。但实际效果是，订货单像雪片一样飞来，厂子一下子就活了起来。

在改革中，人们发现，世界一下子离中国近了。

1月，第一批3000箱可口可乐从香港运抵广州和北京，在北京，它们最先进入的是长安街东段的友谊商店和一些涉外宾馆。此后，在合作伙伴中国粮油食品进出口总公司的帮助下，可口可乐饮料很快从高端酒店扩展到零售摊点。

4月，法国服装设计师皮尔·卡丹访问中国。他带来了12个外国模特，举办一场服装观摩会，在北京民族文化宫一个临时搭起的简易T型台上，走了中国改革开放后第一场时装秀。虽然只是一场仅限内部人士参与的小范围活动，但从当时记者的现场报道中，可以感受到人们内心的震动。身着耸肩衣裙的高挑美女们，在流行音乐的伴奏下扭胯摆臀迈着猫步，一个金发姑娘停下脚步，正对观众敞开衣裙对襟，台下的人们如同被一股无形冲击波袭中，一时间身子齐刷刷向后倒去。"皮尔·卡丹"从此在很长一段时间内，几乎成为中国人心中无可替代的第一奢侈品牌。

美国波士顿交响乐团第一次来到中国。对十年没有正式演出过交响乐的中央乐团来说，他们不仅带来了美妙的西方古典音乐，还带来了国门外陌生的气息。

6 月召开的五届全国人大二次会议，是"文革"结束后一次重要的立法会议，会议制定并通过了《地方各级人民代表大会和地方各级人民政府组织法》《选举法》《人民法院组织法》《刑法》《人民检察院组织法》《刑事诉讼法》《中外合资经营企业法》七部法律，标志着中国立法工作在中断 20 多年后又重新恢复并取得重大突破。

如今在中国遍地开花的中外合资企业，在当时还是一个比较陌生的新名词。10 月 4 日，如今很有名的中信公司宣布成立，由 1950 年代的"红色资本家"、后来的中华人民共和国副主席荣毅仁出任董事长。公司的主要任务是接受各部门、各地方的委托，根据《中外合资经营企业法》和有关法令，引进外国资本和先进技术、设备，共同创办合资企业。

和香港一河之隔的深圳小镇这年建市，国务院批准由香港招商局在蛇口 2.14 平方公里的土地上，建立中国大陆地区第一个出口加工区。随后，蛇口工业区开始炸山填海，破土动工，被称为中国改革开放的第一声"开山炮"。

这年，重大而影响深远的改革开放政策，毫无疑问是中央决定把广东的深圳、珠海和汕头，划为贸易加工区。邓小平对当时担任广东省委第一书记的习仲勋说："就叫特区嘛！原来陕甘宁就是特区。中央没有钱，可以给些政策，你们自己去搞，杀出一条血路。"转过年来，全国人大常委会正式批准广东、福建两省设立四个经济特区。从此，经济特区承担着制度创新和改革开放试验区、排头兵的重要使命。寻求创业机会的人们纷纷从全国各地涌向深圳。

人们感受到民族振兴的前景。12月6日，《中国青年报》报道清华大学学生提出的"从我做起，从现在做起，为建设社会主义多做贡献"的口号。12月23日，中国男子排球队战胜日本队夺得亚锦赛冠军的消息，点燃了人们的爱国热情。北京大学的学生一夜不眠，喊出了"振兴中华"的口号。

1979 年 1 月 29 日上午，美国总统卡特在白宫南草坪为邓小平举行正式欢迎仪式。钱嗣杰　摄

1980 年
了结与开拓

《人民日报》元旦社论的题目叫《迎接大有作为的年代》。随后，一曲《在希望的田野上》唱遍大江南北，把人们引入 1980 年代。

为了结过去，1980 年的中国，加速处理历史遗留问题。5 月，中华人民共和国原国家主席刘少奇的冤案得以平反。随后，在"文化大革命"中先后形成的林彪、江青两个反革命集团的主犯，在特别法庭受到审判。这次审判首次使用了电视直播，对数亿观众来说，在感受到新鲜的同时，也是一次空前的普法教育。当时的中国，很少有人知道法庭是怎样审判案件的。

与此同时，中共中央《关于建国以来党的若干历史问题的决议》正在紧锣密鼓地起草讨论之中。邓小平在 1980 年明确表示，起草这个历史决议，是要"对过去的事情做个基本的总结"，关键是要科学地评价毛泽东。他说："没有毛主席就没有新中国，这丝毫不是什么夸张，毛泽东思想培育了我们整整一代人，没有毛泽东思想，就没有今天的中国共产党，这也丝毫不是什么夸张。"为了保证《决议》能够充分反映全党的意见，1980 年 10 月，中央组织全党高级干部四千人对《决议》草稿进行讨论。这次大讨论，事实上是对新中国成立后一些是是非非的重大问题作了一次梳理。1981 年 6 月召开的中共十一届六中全会，通过了《关于建国以来党的若干历史问题的决议》，终于彻底地了结过去，让人们团结起来向前看，去开拓未来。

开拓未来之初，难免挟带困惑。4 月，《中国青年》杂志刊出署名潘晓的来信，提出"人生的路呵，怎么越走越窄？"没想到这封信牵动了广大青年的心，展开了一场"人生的意义究竟是什么"的大讨论。编辑部先后收到近 6 万封来信，编发了 18 万字的稿件。尽管讨论既有共鸣也有争议，但它给改革开放初期的青年带来的启示和激励，却是毋庸置疑的。

开拓更需要勇气。10 月 23 日，中科院物理所研究员陈春先等科技人员，在中关村创办了第一个民办科技机构"北京等离子体学会先进技术发展服务部"。此前 1978 至 1980 年，陈春先先后三次访问美国，参观了硅谷，受到启发。他当时肯定想不到，他进驻的中关村，后来竟有"中国硅谷"之称，而他作为"中关村第一人"的名声，至今仍然有人记得。

经济特区这个字眼，从南方开始走进人们的视线，诱发无数开拓者的创造热情。这年，北京航空食品公司获得中国工商部门颁发的第一号中外合资企业营业执照。合资经营企业的诞生，意味着中国经济将借外资的翅膀起飞。

与此同时，北京市东城区工商局破例允许一个叫刘桂仙的人开办了中国第一家个体饭店。这在粮、油、鱼、肉都要凭票供应的情况下，是件新鲜事。9 月 30 日那天，刘桂仙的悦宾饭馆在东城区翠花胡同开张的时候，闻讯而来的人们挤满了胡同，仅有四张桌子的餐厅根本招待不了这么多人，只好给那些排队的人发号。到晚上一盘点，一天净赚了 40 多元，相当于一个职工一个月的工资。

那时候，许多人都不明白，经营小买卖是需要工商营业执照的。19 岁的浙江温州姑娘章华妹，从 1979 年起，在自家门口摆张桌子，卖点纽扣、手表带之类的物品。突然有一天，刚刚成立的街道工商所的人对她说，现在放开了，可以去领一张营业执照。章华妹觉得，在自家门口卖东西，要执照干什么？倒是新中国成立前做过布匹生意的父亲明白，有了执照对生意有用处。结果，1980 年 12 月 11 日，她领了个照，工商证字第 10101 号。无意间，章华妹成为"中国第一个有正式营业执照的工商个体户"。

开拓给人们带来新的生活风采。这年放映的《庐山恋》，频频出现连衣裙、喇叭裤、蛤蟆镜、大波浪长发，甚至还有泳装……张瑜扮演的女主人公周筠，是来自大洋彼岸的华侨女青年，她竟然主动去吻心慕的男青年，这一惊世骇俗之举，震撼了无数观众。许多青年明白了，原来有这么漂亮的衣服可以穿，恋爱可以这么浪漫地谈，庐山有这么美丽的风景可以游。这部影片当年观影人数达到 1 亿人次。将近 40 年后，旅游胜地庐山还长年放映着《庐山恋》。

开拓给人们带来了财富。1980 年春天，"万元户"首次出现在《人民日报》的报道中。报道说，兰州市郊雁滩人民公社滩尖子大队一队社员李德祥家，有六个壮劳动力，去年从队里分了一万元，社员们把他家叫"万元户"。从此，"万元户"成为先富起来的一部分人的代名词。

中国农村出现了第一个亿元村。江苏江阴县的华西村，把全村 500 多亩粮田让 30 多名种田能手集体承包，剩余下来的劳动力，全部转入社队办的集体小企业。他们把原来的五金厂窗帘拉开，围墙推倒，大办起锻造厂、带钢厂，到 1980 年，全村的工农业生产总值突破了 1 亿元。

起飞的当然不只是经济，还有中国的国防科研。5 月，中国第一颗洲际导弹，从中国本土飞越万里长空，准确地落入太平洋预定海域。

开拓也是一种前所未有的危险事业。也是在 5 月，科学家彭加木带领一支综合考察队进入新疆罗布泊后，他说要去找一点水，结果失踪了。在大规模地寻找后得出的判断是，这位科学家可能是被狂暴的戈壁流沙吞噬了生命。这件事在当时引起许多人的关注。

对中国社会影响深远的事件，是中国城镇年轻的父母们，开始接受一个新名词——"独生子女"。"计划生育"成为中国的一项基本国策。1980 年以后出生的孩子，大多属于独生子女，他们在社会学领域，拥有一个共同的称谓，叫"80 后"。

1981 年 11 月 16 日，中国女排队员在第三届世界杯女子排球赛中，第一次登上世界冠军的领奖台。

1981 年
多彩时节

改革节奏，人民生活，社会面貌，迎来目不暇接的变化和新奇。1981年是一个多彩时节。

对青年学子来说，开头就是好日子。

1月间，没有能够考进大学的人，开始有了通过自学考试获得高等教育学历的途径；已经进入大学校门的，学校开始实施《学位条例》，学士、硕士、博士等诱人的称号成为青年学子的追求。如果你想学外语或出国留学，那么，一种叫做"托福"的考试，也在这年登陆中国了。新近发行的第一张国内全英文报纸《中国日报》，更是推波助澜，掀起方兴未艾的学外语热潮。

也是在1月间，中国老百姓的经济生活中出现了一个新的名词，叫国库券。巨大的投资规模已导致连续两年出现巨额财政赤字。1981年第一次发行的国库券，总金额40亿元，10年还本付息，年息4厘，自发行第六年起分5年作5次偿还本金。国家计划是，全民所有制和集体所有制单位购买20亿元，城乡人民购买20亿元。当时规定，国库券不得当作货币流通，不得自由买卖。

7月，国务院作出规定，扶持和发展个体经济，几乎是一夜之间，"个体户"就改写了街头巷尾的面貌。许多回到城里的下乡知青和原本就在城里的待业青年，开始摆摊设铺，或修理自行车，或开小饭馆，或倒腾服装鞋帽等日用品。随即出现了"倒儿爷"这个新鲜名词。"大锅饭"虽然风光依旧，但干个体也不失为一条很实惠的生计。在北京，有一群年轻人，在前门城楼下搭棚卖两分钱一碗的"大碗茶"，竟也创立了自己的品牌，后来成立了北京市大碗茶商贸有限公司。

9月，有11万军人参加的代号为"802"的华北军事演习，在古长城脚下摆开了战场。五天的实兵演练，模拟敌军集群坦克进攻，空降与反空降，陆军师坚固阵地防御，战役预备队反突击，四个演练科目环环相扣，由此成为中国军队在新时期迈开正规化、现代化建设新步伐的重要标志。

人们的文化生活多起来了，日常追求也多姿多彩起来，衣着打扮更是追求着时髦。烫卷发、穿喇叭裤、跳迪斯科或交谊舞，戴着墨镜，提着录音机，里面飘出各种流行歌曲，邓丽君的"靡靡之音"弥漫在大街小巷。台湾的校园歌曲风靡大陆。《乡间小路》《外婆的澎湖湾》，几乎每个青年人都会哼几句。

随着电视开始进入寻常百姓家庭，茶余饭后有了更多的话题。人们在4月看到了中国乒乓球队在南斯拉夫举行的第36届世界乒乓球锦标赛上，包揽了全部七项世界冠军。于是开玩笑说，中国队应该拆分成两个队来打才有意思。

11月，中国女子排球队在日本举行的第三届世界杯女子排球赛中，七战七捷，获得世界冠军。郎平、孙晋芳、张蓉芳这些名字几乎家喻户晓。随后举行的十佳运动员评选，让中国社会再次拥有了自己的体育明星。从

1981 年到 1986 年，中国女排创下了世界排球史上第一个"五连冠"，成为整个 1980 年代中国社会极为激动人心的事件。据当时的报道，全国各条战线都掀起向中国女排学习的热潮，还概括出了"女排精神"，其核心内容就是"拼搏"二字。

与此同时，中国社会也再次拥有了自己的电影明星。5 月，第一届中国电影"金鸡奖"和第四届电影"百花奖"分别在杭州揭晓。《巴山夜雨》《庐山恋》《天云山传奇》这些作品榜上有名。主演《庐山恋》的张瑜，同时获得两项最佳女主角奖。

文学界对优秀作品开始轰轰烈烈的评奖。第一届全国中青年诗人优秀新诗奖，第一届全国优秀电视剧奖，第一届全国优秀中篇小说奖，第一届全国优秀报告文学奖，在 12 月纷纷评选出来。一批后来在文坛上叱咤风云的作家诗人，成为获奖的主角。北岛、舒婷、雷抒雁这些青年诗人，成了那时候文学青年的偶像。

与此同时，一幅题为《父亲》的油画，惊动中国乃至世界的画坛，成为当代中国艺术的文化符号。罗中立创作的这幅作品，在金秋晒场背景下，突现一张端碗喝水的老农饱经沧桑的脸，让全世界认识了中国人的"父亲"。特别是"父亲"的眼神，在沧桑迷茫中，有一种期盼和渴求。那正是改革开放初期中国人的眼睛，迷茫中又充满希望。

1982 年
坐 标

9 月，新华社报道了一个不起眼的消息，国家测绘局成功地完成了一个全新的中国高精度大地坐标系统。也就是说，中国大地任何一个地方，从此有了一个准确的坐标位置。

与此同时召开的中共第十二次全国代表大会，则为中国确立起一个历史坐标。这个坐标的名字，叫"中国特色社会主义"。邓小平在这次大会的开幕式上说："把马克思主义的普遍真理同中国的具体实际结合起来，走自己的道路，建设有中国特色的社会主义。"随后通过的新宪法，使建设有中国特色的社会主义成为国家意志。十二大选举胡耀邦为中共中央总书记，还明确干部退休制度，成立中央顾问委员会，这个机构存在了十年。

中共十二大还确立了中国经济发展的战略坐标：从现在起，要全面开创社会主义现代化建设的新局面，经济的发展战略目标是，要在本世纪内使工农业生产总值翻两番。在这之后，在城镇乡村的许多地方，都刷上了"翻两番"的标语。

和台湾沟通，促进中国统一大业，也有了坐标性的举措。根据邓小平提出的"一国两制"方针，国民党元老廖仲恺先生的公子廖承志，7 月间用文言体给他少年时候的朋友、主政台湾的蒋经国先生，写了封脍炙人口的信。信中引用的两句话，"度尽劫波兄弟在，相逢一笑泯恩仇"，在社会上广为流传。

英国首相撒切尔夫人 9 月访问中国，她是第一个到中国访问的英国在任首相。邓小平直率地同她谈到中国关于解决香港问题的基本原则，中英之间随后开始进行关于香港回归中国的谈判。

为使那些具有历史文化意义的城市文物古迹免受破坏，国务院这年公布了首批 24 座历史文化名城。这些城市，有的是历史上的著名古都，如西安、北京；有的是拥有历史积淀的完整建筑群，如平遥、宁波；有的是建筑与山水环境叠加而彰显出鲜明个性，如桂林、苏州；有的拥有鲜明的地方文化和民族风情，如丽江、拉萨；有的是因某种职能在历史上占有特殊地位，如"盐都"自贡、"瓷都"景德镇，等等。开启历史文化名城的保护，仿佛是在中国的土地上树立起一个又一个历史人文坐标。

第三次大规模的人口普查，使中国大陆人口有了一个比较准确的坐标。以 1982 年 7 月 1 日零点为标准时间，人口总数为 1031882511 人。也就是说，中国大陆地区的人口突破了十亿。11 月，计划生育作为一项国策，写入新的《宪法》。

在农村，影响最大的是中共中央发出的一号文件。文件批转的《全国农村工作会议纪要》，把农村包产到户、包干到户等做法，统称为"联产承包责任制"，为探索多年的农村土地承包的改革正了名，上了社会主义的"户口"。到这年底，全国大多数生产队实行了包产到户或包干到户。一些条件比较好的、集体积累多的生产队，因地制宜，没有进行土地承包。农业生产形势普遍好起来，全国农业总产值比上年增加 11.2%。

在浙江义乌，一个叫冯爱倩的中年妇女，靠到外地百货公司批些便宜的纽扣、鞋带、别针等小商品，摆地摊卖货为生。虽说辛苦，但几天就可以赚出她过去在饭店上班时一个月的工资。赚了钱，压力和风险随之而来。当时这种经商方式被视为"投机倒把"，县政府还特地设立有"打击投机倒把办公室"，专门负责堵、拦、没收货物。情急之下，冯爱倩在县委门口拦住新任县委书记谢高华，责问为什么不允许人们摆摊卖货。正是这次"讨说法"，促使义乌县政府在9月发了一个红头文件，明文规定：允许农民经商，允许从事长途贩运，允许开放城乡市场，允许多渠道竞争。一时间，全县的小商品买卖似雨后春笋冒了出来。在义乌县工商局沿街，兴起了毛竹搭棚、水泥台子上摆摊的马路市场。

与此同时，深圳经济特区的建设显出了它特有的"坐标性效应"。1982年动工的深圳国际贸易中心大厦，创造了"三天一层楼"的惊人奇迹，一时被称为"深圳速度"。这座高53层共160米的地标性建筑，成为中国大陆地区建成的第一座综合性超高层楼宇。同时，被称为"深圳速度"的，还有深圳人创造的办事效率高、条条框框少、工作和生活节奏快。

城市居民的生活，这时候也开始有了新的商品消费坐标。家用电器的消费，迅速升温。在过去，自行车、手表、缝纫机是居家过日子的"三大件"，如今的人们开始追求新的"三大件"：电视机、洗衣机和电冰箱。

1983年
构建新规

今天的人们是否还记得当年马季身穿一身蓝布制服、用幽默的山东方言吆喝着"宇宙牌香烟"？是否还记得聋哑姑娘们整齐划一的千手观音？是否还记得曾经令你捧腹大笑的"昨天、今天、明天"？正是这些节目陪伴中国大多数人度过了一年又一年的除夕之夜，事实上成了近40年间中国人的新民俗。

这个新民俗是从1983年春节开始的。中央电视台举办的第一届春节晚会，第一次现场直播、第一次观众参与点播互动、第一次设立晚会主持人，给舞台文化注入了强劲的新鲜元素，给观众带来意想不到的惊喜。除了马季的单口相声，1983年的春节晚会，给人留下深刻印象的，还有王景愚演的哑剧小品《吃鸡》，以及应观众要求，临时加上的李谷一演唱的《乡恋》。

中央电视台在这年春节，还播放了一部纪录片，叫《说凤阳》。人们从镜头里实实在在地看到农村实行联产承包责任制后发生的变化。承包使贫困的土地焕发了生机，笑容普遍回到了农民的脸上。1983年，实行25年的人民公社体制也走到了尽头。中央决定撤销人民公社建制，恢复设立乡镇政府。从此，人们写信不再有某某公社某某大队某某小队的地名，而是某某乡某某村。新名字意味着新规矩，意味着中国农村改革走上了不归之路。

走在这条不归路上，新规的出现，让人们的思想观念受到不小冲击，需要调整。安徽芜湖的个体户年广九经营"傻子瓜子"，生意越做越大，竟雇用了 100 多人来打工。雇工经营有剥削嫌疑，上面派来了调查组，有人主张取缔"傻子瓜子"。还是邓小平出来说话：雇工问题，放两年再看，那个能影响到我们的大局吗？如果你一动，群众就说政策变了，人心就不安了。让"傻子瓜子"经营一段，怕什么？新的经济规矩便在这"放两年再看"的探索中逐步生长起来。

后来跑遍全国的桑塔纳轿车，这年在合资企业上海大众下线。原来的上海汽车厂用老厂房入股，德国大众汽车公司负责桑塔纳生产线设备。于是，便出现了这样的奇异景观：当桑塔纳轿车电子控制设备运进来的时候，另一边的钣金工还在用榔头敲着自己的上海牌轿车。水平差距近半个世纪的产业链"秩序"，在同一个厂房共存了整整一年。

这年召开的六届全国人大一次会议，恢复设立中断近 20 年的国家主席一职，李先念被选举担任新中国的第三任国家主席。

一切似乎都开始走向正轨。改革开放以来日益变化的社会风气，这年开始在人们的精神世界逐渐形成新的规矩和秩序。

南京的地标性建筑金陵饭店开始营业，当人们拨通它的电话，话筒里传来的是"你好，南京金陵饭店"。这种自报家门式的服务，在今天习以为常，在当时却让许多人很不习惯。与此同时，开始了"五讲四美三热爱"的文明活动，内容是讲文明、讲礼貌、讲卫生、讲秩序、讲道德，心灵美、语言美、行为美、环境美，热爱祖国、热爱社会主义、热爱党。这实际上是一场全国性的精神文明新的规矩和秩序建构。

共青团中央授予山东女青年张海迪"优秀共青团员"的称号。她 5 岁时便高位截瘫，全身有三分之二的部位失去知觉，但她刻苦自学医疗技术，为一万多群众看病治疗，还自学外语，翻译小说。

在陕西华山风景区内，有十多位游客从陡峭的山崖跌落下去，正在现场的 200 多名第四军医大学的学员，奋不顾身抢救遇险者，"华山抢险"传为美谈。在同一个地方，还发生了第四军医大学的学生张华抢救一个农民而牺牲的故事。一时间，在全国掀起了用一个大学生的生命换取农民的生命是不是值得的讨论。

培养人才的规矩也有了模样。5 月 27 日，中国以最高礼遇，在人民大会堂为首批自主培养的 18 名博士颁发学位证书。拥有悠久文明的中国培养出了第一代自己的博士。

1983 年的中国，有两部电视节目达到万人空巷的收视效果。一部是电视剧《霍元甲》，一部是纪录片《话说长江》。前者把中华传统武术和爱国情感结合起来，让人觉得电视剧原来可以这样扣人心弦地来讲述故事。后者比较原汁原味地展现了中国母亲河沿岸的山水人文和社会风貌，让人知道纪录片可以有主持人，还出画面，不用播音腔来解说。这意味着电视传播开始朝向新规矩发展了。

为了扼制释放社会活力时出现的泥沙俱下的罪恶膨胀，让改革开放更加有秩序地进行，8 月，政府作出严厉打击刑事犯罪分子的决定。"严打"在这年成为整顿社会秩序、建立新规矩的主题词。

张海迪在出席全国青少年学雷锋先进集体和个人代表座谈会期间，同代表们亲切交谈。

张赫嵩 摄 新华社 供稿

1984 年
四季都在收获

　　1984 年给中国人带来的感受，如果只用一个词来形容，"骄傲"或许比较恰当。人们骄傲的是，这年收获了改革开放的初期果实。

　　1 月，伴着早春的脚步，邓小平南下考察经济特区和江苏等省区。在"时间就是金钱，效率就是生命"的深圳口号引起争论的时候，在一些人质疑创办经济特区是否合适的时候，他写下"深圳的发展和经验证明，我们建立经济特区的政策是正确的"的题词，关于经济特区的争论最终停歇下来。不仅如此，中央还决定进一步扩大开放 14 个沿海港口城市。

　　2 月 26 日晚上，中央电视台《新闻联播》中断正在播送的国际新闻，临时插播肯定步鑫生改革的消息。裁缝出身的步鑫生是浙江海盐衬衫总厂的厂长，他借鉴农村实行联产计酬制的办法，让工人们做多少活拿多少钱。该厂自创生产的"双燕"品牌衬衫，闯入时尚前沿大上海，产品辐射全国 20 多个省市。他还提出"你砸我牌子，我砸你饭碗"的口号，硬生生地要打破"铁饭碗"的用工制度。那是步鑫生一生中最辉煌的时刻。四年后，由于经营不善，他被免职，败下阵来，但至今人们都记得和敬佩他这样的改革先行者。

国营企业在这年春天热闹非凡。3 月 22 日，参加福建省厂长（经理）研究会成立大会的 55 位代表，联名给省委书记和省长写信，要求给企业"松绑"，扩大自主权。这封《呼吁书》在《福建日报》发表后，又经《人民日报》转载，在全国引起轰动。顺应各地"松绑"放权的呼声，国务院 5 月 10 日发出《关于进一步扩大国营工业企业自主权的暂行规定》。"松绑"由此成为 1980 年代中期国营企业改革最通俗的说法。

农村的形势更是喜人。在过去办的社队企业基础上发展起来的乡镇企业，在有的地方已成为农村经济的主体力量。特别是以"农村办工业、集体经济为主、政府推动"为特征的"苏南模式"，更是声名鹊起。江苏无锡县的工农业生产总值超过 27 亿元，其中工业产值达到 20.6 亿元。3 月，中央决定将社队企业改名为乡镇企业，不光是名称的变化，内涵也今非昔比。原本的"社队企业"只有两个"轮子"（社办企业、队办企业），正名为"乡镇企业"后，就成了四个"轮子"（乡办企业、村办企业、合作企业、个体企业），无论企业数、就业人数、总产值、工业产值均大幅度增加。邓小平听到这件事后，感慨地说："农村改革中，我们完全没有料到的最大收获就是乡镇企业发展起来了，突然冒出搞多种行业，搞商品经济，搞各种小型企业，异军突起。这不是我们中央的功勋。"

到火热的夏季，体育健儿又送来惊喜。第一次参加奥运会的中国运动员，在美国洛杉矶奥运会的射击项目中夺得金牌，实现中国奥运金牌零的突破，带来举国的欢腾。中国在这届奥运会上获得的 15 枚金牌，洗刷了"东亚病夫"的耻辱。

夏天就要结束的时候，中国开始发放首批居民身份证。8 月 30 日晚上，在北京市东城区朝阳门街道朝内大街头条居委会举行的发证仪式上，共有

172 户的 380 名居民领到了身份证。我是谁？曾经是一个相当尴尬的问题。在相当长一段时间里，要想证明"我是谁"，光靠户口簿是行不通的，碰上稍微大一点的事情，就得由单位出具盖有鲜红公章的证明信。这种遭遇，在今天的年轻人眼里也许是不可思议的，却是当时户籍管理状况的真实写照。到 1990 年底，第一次集中颁发居民身份证工作基本结束。同时结束的，还有那些在身份证明上的尴尬岁月。

9 月 26 日，在金风送爽的秋天，中英两国政府在北京草签了关于香港问题的联合声明，宣布中国政府将于 1997 年 7 月 1 日对香港恢复行使主权。香港从此踏上回家的路程。

四天后迎来第 35 个国庆节。天安门广场已经连续 25 年没有举行过大规模国庆阅兵，现在中国有条件展示自己的新风采了。老百姓从国庆阅兵中感受到国家的进步，在群众游行队伍经过天安门广场的时候，人们把对改革开放的真心认同，浓缩在了"小平您好"的横幅当中。邓小平在天安门城楼上宣布："当前主要的任务，是对妨碍我们前进的现行经济体制，进行有系统的改革。"随后，中共十二届三中全会通过《关于经济体制改革的决定》，正式提出建立社会主义有计划的商品经济。这标志着中国进入了全面改革新的历史阶段。

改革的重点，从农村转向了城市，并立刻爆出天大的新闻。

10 月，大型国营企业武汉柴油机厂，聘请德国退休专家威尔纳·格里希担任厂长，并保证他充分行使自己的职权。这一破天荒的举措，引起社会议论。这位新中国第一位"洋厂长"确也不负众望，上任伊始，就从模具入手狠抓铸件质量，提出要像对待婴儿一样爱护设备，质量检验部门要成为厂长的眼睛等，由此赢得"质量先生"的外号。

城市的改革新事不断。11 月 9 日，在大连开个体照相馆的姜维，获准成立中国大陆第一家私营企业，名字叫光彩实业有限公司。此前他很想和港商合资办企业，但个体户身份没有法人资格，不能与外商合资。现在他如愿了。

这时候，一些在事业单位捧着"金饭碗"的人坐不住了。在中国科学院做研究工作的柳传志，已经 40 岁。11 月，他怀揣中科院的 20 万投资，开了一家"中国科学院计算机新技术发展公司"（联想集团前身）。没有生意做，就去摆摊卖运动裤和家用电器。人们没有想到，就是这个联想集团，30 多年后跻身于世界 500 强企业。除了柳传志，这年前后下海经商后来成为著名企业家的，还有不少，比如在房地产业呼风唤雨的万科集团创始者王石，更有如今誉满全球的华为集团创办人任正非。

11 月 19 日，入冬时分，中国第一支南极考察队离开上海，奔向遥远的地球南极雪原。12 月 31 日，他们在乔治王岛菲尔德斯半岛的南部，升起第一面五星红旗，隆重举行中国南极长城站的奠基典礼。这是对四季都在收获的 1984 年的一个精彩告别。

1984 年 10 月 1 日，参加庆祝中华人民共和国成立 35 周年群众游行的大学生，突然举起"小平您好"的横幅，通过天安门广场。

贺延光 摄　中国青年报社 供稿

1985 年
军人和知识的风采

被中国老百姓称为"钢铁长城"的人民军队，这年做了一件令世界为之关注的大事——裁军一百万。这是中国对世界和平发展作出的新贡献，也是建设现代化军队的战略举措。从此，走精兵之路，成为中国军队最响亮的口号。

围绕这个目标，中国人民解放军三总部编制精简了近一半；原有的11 个大军区精简合并成 7 个，减少军级以上单位 31 个，撤销师、团级单位4054 个。一大批军工企业转向民品生产，部队的机场、码头、铁路、医院逐步向社会开放。

原来的铁道兵、工程兵这些兵种被撤销后，几十万官兵集体转业。被减裁下来的军人向伴随多年的军旗行了最后一个军礼，含泪告别军营，投入到经济建设的主战场。深圳的基础建设便是由工程兵们建设起来的，它的一位师长后来担任了深圳市的副市长。

5 月 1 日，军队官兵都换上新的军装。这是从 1965 年后的第一次换装。新的军服看上去比过去更漂亮，更威武，更有精神。与此同时，陆军各野战军整编成为集团军，新组建了陆军航空兵、电子对抗兵等，现代化特种兵员的数量，第一次超过了传统的步兵。当 1986 年"国际和平年"到来的时候，中国人民解放军已经基本完成了"百万大裁军"的战略行动。

参加对越边境自卫战的解放军英模汇报团，这年分 7 个分团到全国各地作巡回报告。歌曲《血染的风采》倾倒无数听众，好长一段时间都成为各行各业文娱晚会的保留节目。

在改革中前进的中国，不仅展现出军人的风采，由于开启科学技术体制和教育体制的改革，还展现出知识的风采。3 月召开的全国科技工作会议提出，要解决科学技术工作面向经济建设的问题。随后，中央政府提出"抓一批短、平、快科技项目促进地方经济振兴"，取名为"星火计划"。实施这个计划，是为适应当时乡镇企业迅猛发展的需要，满足农业生产专业化、商品化使农民普遍产生的对科学技术的渴望。从这时起，一些大学和科研院所的专业人才，利用周末假日，被郊区的一些乡镇企业拉去做技术顾问，被人们称为"星期日工程师"。

尊重知识、尊重人才开始得到全社会认同。1 月，全国人民代表大会决定把每年 9 月 10 日设立为教师节。4 月 1 日，《中华人民共和国专利法》开始实施。这天，中国专利局收到国内外专利申请 3455 件，创造了世界专利史上的新纪录。在航空航天工业部 207 所工作的胡国华，成为第一位提交专利申请的发明人。他申请的"可变光学滤波实时假彩色显示的方法和装置"，能够把卫星上拍地球的黑白图片变成彩色图像，专利登记号是"发明 85100001"。

这年知识界的一件大事，是北京大学王选教授主持发明的"汉字激光照排系统"，作为商品开始进入市场。汉字激光照排技术最光亮的风采，是让印刷业告别了传统的铅字捡排工艺，被称为中国印刷技术的第二次革命。

中国需要传播的知识和资讯，可以更方便快捷地搬到各种媒体工具上面。

科学技术成为生产力，关键要靠产品质量说话。4 月，刚刚担任青岛电冰箱总厂厂长的张瑞敏，收到一封用户来信，反映他们的产品质量有问题。他派人检查了库存的 400 台冰箱，发现 76 台有缺陷，于是作出一个让人震惊的决定：都砸掉。那时普通职工的月收入也就 40 多元，一台冰箱要卖 800 多元，砸掉谁不心疼！但这一砸，硬是砸出一个走向世界的海尔集团。国家博物馆后来收藏了张瑞敏砸冰箱的铁锤。

社会上开始出现浮躁心态，产生一些负面"风采"。5 月 19 日，在北京工人体育场举行的第 13 届世界杯足球预选赛，中国队 1：2 负于香港队，由此发生新中国成立以来第一次大规模的球迷闹事事件。与此同时，吉林省的长春市，莫名其妙地炒作起君子兰，一株上品的君子兰卖到几万元甚至十几万元，很容易让人想起 1634 年荷兰全国炒卖郁金香的热潮。这种浮躁泡沫，自然很快就破灭了。

1986 年
新　闻

1986 年，中国的电视机产量突破一千万台。人们了解国家大事的途径，不再是小道消息，除了像过去那样每天早上听中央人民广播电台的新闻外，每天晚上看中央电视台的新闻联播，成为许多人雷打不动的习惯。

科技领域出了一桩当时没有报道，后来却在新闻中频频现身的事情。王大珩等四位科学家联名向中央递交了一份关于跟踪研究外国战略性高技术发展的建议报告。邓小平 3 月 5 日做出批示："这个建议十分重要"，"找些专家和有关负责同志讨论，提出意见，以凭决策；此事宜速作决断，不可拖延"。

4 月，国务院召集全国 200 多名科学家聚集北京论证，最终形成《国家高技术研究发展计划纲要》，确定在生物技术、航天技术、信息技术、先进防御技术、自动化技术、能源技术和新材料技术等领域作为突破点跟踪世界水平。由于科学家的建议和邓小平的批示是在 1986 年 3 月，这个计划被命名为"863"计划。改革开放的中国科学技术发展，从此有了一个可操作的战略规划图。

接下来的社会新闻是，从 5 月 4 日起中国实行夏时制。目的是为了节约能源，鼓励人们早睡早起。后来夏时制被取消，因为中国太辽阔，实行的效果并不明显。

5 月间的文化界最大的新闻，是为国际和平年举行的《让世界充满爱》的巨型演唱会。韦唯、杭天琪、蔡国庆、崔健等当时最出名的 100 多位歌手在北京工人体育馆集体合唱，在中国音乐史上留下浓墨重彩的一笔。人们意识到，通俗的流行音乐，也可以诠释宏大的正面主题。特别是崔健抱一把吉他，两边的裤脚一挽一放、一高一低登场，一句"我曾经问个不休，你何时跟我走"，带着粗粝的气质和颇具沧桑感的嗓音劈空吼出，听众的掌声、口哨、尖叫，陡然响起。《一无所有》这首歌的出现，标志着中国摇滚乐原创时代到来了。

夏天最大的经济新闻，是沈阳一家有 70 多人的集体所有制企业宣布破产。8 月 3 日上午，沈阳市政府召开新闻发布会，宣告累计亏损 48 万元的沈阳市防爆器械厂从即日起破产倒闭，并当场收缴了营业执照和印章。这是新中国成立以来第一家正式宣布破产的公有制企业，在人们心里引起的反响可想而知。在过去的观念中，在公家的厂子里有活干，有饭吃，似乎是天经地义的。如今不同了，全国人大常委会年底通过《企业破产法》，因为在会上争议不少，于是加个括号叫"试行"，并附上一个条件，等《企业法》通过后再试行。

破产争议没有尘埃落定，一桩意味深长的新闻引起对改革敏锐的人的注意。人们长期把股票与资本投机、资本主义看成一回事。邓小平 11 月 14 日会见约翰·范尔霖率领的美国纽约证券交易所代表团时，客人送他一枚纽约证券交易所证章，他回赠的则是面值 50 元的上海"飞乐音响"股票。这只股票是 9 月 26 日在中国工商银行上海静安信托业务部首家柜台上市的，当天上市交易的只有延中实业和飞乐音响两只股票，收盘时共卖出 1500 多股，约 8 万元。

有一个叫马胜利的人，是这年著名的改革新闻人物。他两年前以 70 万的利润指标承包下石家庄造纸厂，走马上任后率先在国营企业里打破铁饭碗、铁交椅、铁工资，号称"砸三铁"，并在厂里搞层层承包。结果，当年就创利润 140 万元，1986 年突破 320 万元。"马承包"这个名字风靡全国，他先后在全国做了一千多场报告。马胜利还跨地区承包了山东几家造纸厂，这些企业也奇迹般地起死回生。但他后来成立的造纸集团承包了全国一百多家企业，因经营不善解体。

改革，本来就是在探索中前进的。1986 年目不暇接的新闻中透露出来的改革步伐，确实迈得波澜壮阔。

1986年6月8日，参加中越边境作战的解放军某师回师山东，在站台休息。士兵枪尖上的玫瑰花，系欢迎他们的市民所赠。

贺延光　摄　中国青年报社　供稿

1987 年

掀 腾

这年最热闹的文化事件，是电影《红高粱》的热映。演员姜文嘶哑喊唱的"妹妹你大胆地往前走呀，往前走，莫回呀头，通天的大路，九千九百九……"，传递出具有时代感的掀腾不已的劲头和气势。

将近 40 年前从大陆赴台湾的老兵，终于可以回大陆探亲了。随着一批批台湾老兵回到阔别已久的故乡，海峡两岸掀起了互通亲情的热浪。《自立晚报》的记者这年冲破台湾当局的禁令，来到大陆采访。踏上大陆的台湾同胞，看到了什么呢？他们看到的是日新月异的掀腾景象。

这年，在深圳，首次公开拍卖土地使用权；在烟台，率先试行了住房制度的改革；在广东，大亚湾核电站开工，显示了中国潜在的巨大能量；在北京，文化部举办了第一届中国艺术节，来自全国的 50 多个艺术团体参加了演出。

所有权和经营权的分离改革，加速进行。全国范围内国营大中型企业，普遍推行起承包经营责任制。证券市场、劳动力市场、技术市场、人才市场，越来越多地出现在人们的经济生活当中。个体私营经济、乡镇集体企业获得飞速发展。1987 年，全国城镇个体从业人员已经上升到 569 万人，私有企业 23.5 万家，乡镇企业更是异军突起，有几千万农民离开祖祖辈辈赖以谋生的土地，在本地的乡镇企业或远赴大城市打工过日子。

浙江温州市召开全市企业家座谈会，参加的有不少是曾经引起争议的温州私营企业老板。温州老板由此登上社会舞台。10 月，有出版社出版了一套"温州模式"丛书，其中有一本就叫做《温州的农民企业家》。有人说，这是全国最早宣传私营企业家的书。其实，早在 1985 年 5 月 12 日，《解放日报》便提出了"温州模式"这个概念。与"苏南模式"不同，温州发展农村商品经济，主要以个体户和私营户为主，或者说是以家庭工业为主。温州人很聪明，为了避免麻烦，他们把个体户和私营户，叫做专业户和重点户。当地最有名的"八大王"，分别做的是电器、螺丝、矿灯、翻砂、线圈、胶木、旧货等生意。

六大民用航空公司在这年成立，结束了政府经营民航业务的历史。过去乘飞机，需要有县团级以上的机构开证明，在今天，只要你有钱和身份证，只要你愿意，可以随时买票飞往全国各地。

掀腾的不只是改革局面，还有人们的生活。社会学家们调查统计，1987 年，中国出生了 2528.8 万人，这是个注定后无来者的出生高峰，它由 1960 年代中国的前一个生育高峰所决定。中国的离婚率首次突破百分之一。北京的离婚夫妻流行吃分手饭，好合好散，不伤和气。社会学家们的另一项统计是，全国这年拥有 8000 万辆自行车。在大城市，车满为患，上下班的时候，就像缓慢的洪流在大街小巷涌动。这时候买一辆自行车已经是轻而易举的事，丢了或被偷了也不像过去那样心疼，几乎家家户户都丢过自行车。

对老百姓来说，这年最重要的一个词语是"奔小康"。中共十三大提出社会主义初级阶段理论，明确"三步走"发展战略。第一步是解决温饱，第二步是在 20 世纪末实现小康，第三步是在 21 世纪中叶达到中等发达国家的水平，基本上实现现代化。从此，"奔小康"成为中国人掀腾生活的重要目标。

让一部分地区、一部分人先富起来的政策，使中国人的致富梦想受到鼓励。那阵子，人们津津乐道的是什么地方又出了个什么能人赚了大钱。尽管是用羡慕的口吻谈论别人致富，真正跟着干起来的还是少数。企业有了生产自主权，不少人还是小心翼翼怕有个闪失。个人碰上好运气发起来了，也还是怕露富。

许多人谨慎地过着越来越好的日子。上海市居民季颖、李惠英夫妇的一册家庭账本，记下家里每一笔收入和支出，也记下老百姓在改革开放不断前行的生活脚步：1977 年买第一台 9 英寸黑白电视机；1983 年分得 42 平方米的新房；1985 年买第一台 18 英寸彩色电视机和第一台电风扇；1987 年买第一台冰箱和第一台洗衣机。

东北大兴安岭发生特大火灾。为扑灭大火，森林武警和解放军官兵用树枝扑打、使用干粉灭火器、风力灭火机、直升机载水灭火、人工降雨、开辟防火隔离带等各种办法。人们从电视新闻播出的掀腾场面中，第一次看到扑灭森林大火之难。

1987 年 9 月 20 日 20 时 55 分，中国成功发出第一封电子邮件，内容是"越过长城，走向世界"。连接国际计算机网络的中国，开始借助信息革命，加速融入掀腾的世界。

20世纪80年代，北京街头的自行车大军。

成大林　摄　新华社　供稿

1988 年
万物生长

　　1980 年代的年轻人是唱着《我爱北京天安门》长大的，但许多人却从来没有到过天安门，更没有登上过经常从电影电视上看到的天安门城楼。1988 年 1 月 1 日，天安门城楼对外开放，开始接待游客。第一个登上城楼的游客，还收到北京市旅游局赠送的一只景泰蓝花瓶和一张证书。

　　改革进入闯关爬坡的阶段。人们在这段路上，看到的是万物生长的景象。

　　3 月，《人民日报》头版头条发表的《中关村电子一条街调查报告》，把电子科技转化为生产力并进入市场的新事物生长局面，呈现给了世人。从 1983 年到 1987 年，聚集中国最著名的大学和科研院所的北京市海淀区中关村，各种公司如雨后春笋般地涌现，成为中国最大的计算机与电子产品集散地。每天到中关村来采购的人流量，最高达到 20 万人次。

　　还是 3 月，移动电话网在北京开通。一种俗称为"大哥大"的高档电子用品问世了。每台售价 2 万元、每月还有通信费和频率使用费的手持"大哥大"，第一次进入市民生活。然而，彼时的体验却远谈不上美好。摩托罗拉牌几乎有砖头般大小的"大哥大"很是费电，打上半个小时一块电池就耗光了，每天得随身带上好几块电池。第一批移动电话只有 73 个信道，最多容纳 2000 户，意味着同一时间内只能满足 73 个人打电话，用的人多了，互相抢信道，就会出现"打不通"的情况。打通了，通话质量也不好，时断时续，通话时的模样也怪，总要不自觉地伸长脖子使劲地喊。尽管很费劲，北京市民还是在营业厅排队买"大哥大"，最长的要排上半年。

4 月，海南建省，海南岛成为中国最大的经济特区。"八方风雨会琼州，十万人才下海南"，不知激发了多少人的梦想。第一批"闯海人"后来回忆，他们来到海口才发现，这个省会城市没有出租车，没有程控电话，全城只有一个红绿灯。但他们相信，靠自己的努力，万物会在这个最年轻的省份生长起来。

生长出来的不光是一个省份。4 月闭幕的七届全国人大一次会议，第一次把私营经济写进了《宪法修正案》，明确"国家允许私营经济在法律规定的范围内存在和发展，私营经济是社会主义公有制经济的补充，国家保护私营经济的合法的权利和利益"。

双轨并峙的计划和市场，促进了万物生长，把人们的经济生活引向一个陌生的世界。喜欢光顾商场的人们发现，价格标签有各种颜色，有红的、白的和绿的。它们分别指的是计划价、计划指导价和市场价。由于实行价格双轨制，同一种商品，如果有渠道从计划内拿到进货批条，倒卖到计划外市场，能够很不费力地赚到很多钱。人们把有这种本事的公司或人，叫做"官倒"。

万物生长的复杂市场，有时难免让人陷入尴尬。一首《跟着感觉走》的歌曲，风靡大江南北。跟着感觉走的人们开始营造出有些浮躁的社会氛围。

5 月 8 日，各大新闻媒体发布了一个引人注目的消息，中国人民银行将发行面额为 100 元和 50 元的人民币。这个消息让人们觉得新鲜，也深感意外。从 1955 年以后，人们手里拿的人民币，最高面额始终只是拾圆，用老百姓的话说，叫"大团结"。不变的钞票，似乎意味着不变的价格。

经济头脑已经十分灵敏的老百姓，从百元大钞中毫不费力地捕捉到一个消息，价格改革就在眼前，物价将全面上涨。果然，国务院 7 月间批准各地放开名烟名酒的价格，社会上还流传从 9 月 1 日起将全面涨价的小道消息。抢购风潮顿时席卷全国，人们不顾实际需要，大把大把地把钱花出去，大堆大堆地把用不着的日常用品往家里搬。

面对社会承受价格上扬的脆弱心理，和经济秩序出现的混乱局面，政府转而实行治理经济环境、整顿经济秩序的措施。9 月，为了稳住人们手中的人民币，银行开办了长期保值储蓄存款业务。

一部叫《浮躁》的长篇小说，这年获得了飞马文学奖，引起各阶层的读者共鸣。"浮躁"也成为万物生长时期社会心态的形象概括。造导弹不如卖茶叶蛋，脑体倒挂让人忧虑。越来越多的人不再安于循规蹈矩，下海经商成为许多人的选择，皮包公司满天飞。上海一青年还创办了全国第一家"讨债公司"，保安公司也开办起来。变动不居的生活让一些人迷失正常的感觉。

各行各业在这年还有许多万物生长的事情：北京正负电子对撞机建造成功并首次实现正负电子对撞；中国首例试管婴儿在北京医科大学第三附属医院诞生；在北京举办了第一届全国农民运动会；中国核潜艇运载火箭水下发射成功；从上海到嘉兴的高速公路通车，这是中国第一条高速公路。

广州市个体经济蓬勃发展，在繁华的商业街市上，时见骑摩托的个体户手持"大哥大"做生意。图为手握"大哥大"的广州个体户。

刘玉生 摄 新华社 供稿

1989 年
考　验

1989 年 4 月 13 日，第 11 亿位中国公民降生。这个数字，意味着中国人口比新中国成立时翻了一番。9 月 15 日，全国开始实施居民身份证的使用和查验制度。

在人们的记忆中，这是一个风波迭起的年份，也是中国经受巨大考验的年份。

2 月，美国总统布什访问中国。在 1972 年中美改善敌对关系之后，他曾经在中国当了几年美国驻华办事处主任，说起来也是一个中国通。邓小平对他说，中国压倒一切的现实问题是稳定。还说，没有稳定，在中国什么都搞不成。

布什走后不久，苏联总统戈尔巴乔夫来到了中国。他是 1959 年赫鲁晓夫访问中国后，第一个来中国的苏联最高领导人，标志着中苏两国结束了 30 年的争吵和对峙局面。邓小平对他说，过去我们双方都说了一些过头的话，要结束过去，开辟未来。两国关系实现正常化，改革开放的中国将有更为安全的北部边境。

来中国的戈尔巴乔夫没有享受到红地毯的国宾待遇。当时，天安门广场已经发生动乱。这是新中国从 1949 年成立以来没有出现过的事情，也是从来没有经受过的考验。政府采取措施，平息了这场政治风波。

风波过后，人们最关心的是怎样评价中国的改革开放？中国下一步该怎样走？这又是一个考验。邓小平说改革开放的政策不变。6 月，江泽民在中共十三届四中全会上出任中共中央总书记。他在当选的时候表示：这次中央领导核心作了一些人事调整。但是，党的十一届三中全会以来的路线和基本政策没有变，必须继续贯彻执行，在这些最基本的问题上，我要十分明确地讲两句话：一句是坚定不移、毫不动摇；一句是全面执行、一以贯之。11 月，邓小平辞去最后一个职务中央军委主席，江泽民当选为中央军委主席，1993 年当选为国家主席。

风波过后，西方国家纷纷对中国实施经济"制裁"，中国发展的外部环境，陡然严峻起来，经济发展自然受到非同一般的影响。这又是一场考验。但中国人明白，归根到底，是要把中国自己的事情办好。

应对各种考验，要有实招。风波过后，人们印象最深的，是中央立即着手办 7 件群众关心的事情。包括：砍掉流通领域和金融领域的一批公司；制止高级干部的子女经商，中央领导带头；取消对领导同志少量食品的"特供"；严格按规定配车，中央领导一律使用国产车；严格禁止请客送礼；严格控制领导干部出国；严肃认真查处贪污、受贿、投机倒把等犯罪案件。中国共产党明白，发生政治风波，是受国际国内的政治气候影响，但归根到底，执政党要经受得住改革开放的考验，必须取信于民。

全国人大常委会出台《行政诉讼法》，将在来年实施。对许多人来说，他们或许不太了解"行政诉讼"这几个字包含的石破天惊的法律意义，但他们知道，这部法律给了他们在中国历史上从未有过的权利，公民可以和政府打官司了。老百姓通俗地说这是"民告官"的权利。这意味着改革开放条件下的执政者，将会经历新的考验。

普通百姓的心态，也经受住了政治风波的考验，人们的日子照常过。6月，北京出现第一家卡拉OK厅。这种源于国外、无乐队伴奏的自娱自乐，很快为中国人接受，不久就在全国遍地开花。年底，社会学家们对北京青年结婚的平均费用做了一个详细的调查，每对新婚夫妇的费用超过了1万元。

为了过上好日子，有位四川商人这年来北京推销竹编和藤椅，偶然听说轻工商品紧缺的苏联，准备卖一些图-154民航飞机。于是他在各地组织了500个车皮的轻工业商品，换回四架图-154，转卖给了四川民用航空公司，赚了将近一个亿。这桩以货易货的国际贸易奇事，不知激发了多少人的商业想象。

刘欢、韦唯、艾敬演唱的《弯弯的月亮》《爱的奉献》《我的1997》等一批歌曲流行起来。10月1日，新中国迎来了40周年生日。"今天是你的生日，我的中国。清晨我放飞一群白鸽，为你衔来一枚橄榄叶，鸽子在崇山峻岭飞过。我们祝福你的生日，我的中国……"这首名为《今天是你的生日》的歌曲，传唱至今，成为祝福中国的经典。

深圳是中国十年改革开放中出现的新兴工商业城市。作为中国的第一个经济特区，深圳经济的高速发展一直为海内外所瞩目。

黄景达　摄　新华社　供稿

1990 年
充满希望的"工程"

这年 5 月 19 日，第一所希望小学在革命老区安徽省金寨县南溪镇落成，它标志着中国青少年发展基金会救助贫困地区失学儿童的"希望工程"，正式启动。

希望工程实施后不久，一位摄影记者在安徽金寨县张湾小学采访时，把一个叫苏明娟的 8 岁女孩摄入了镜头，特别突出了她那双能代表贫困山区孩子渴望读书的"大眼睛"。这幅题为"我要上学"的照片发表后，打动了无数人的心，成为中国希望工程的宣传标志。有人说，如果希望工程是一本书，这幅照片就是它的封面。人们纷纷伸出援助之手，使希望工程成为改革开放后启动最早、规模最大、参与最广的社会公益事业。据 2015 年的统计，全国希望工程累计接受捐款 118.32 亿元，资助贫困学生 5350560 名，援建希望小学 18982 所，平均 100 所农村小学中就有 7 所希望小学，援建希望工程图书室 23490 套。

这年播出的第一部大型室内电视剧《渴望》，收视盛况空前。许多观众被女主人公刘慧芳的大爱无私感动，也有人质疑，真有刘慧芳这样的好人吗？其实，正像主题曲唱的那样，"恩怨忘却，留下真情从头说"，剧中人怀着对真诚和美好的渴望，在真善美与假丑恶的较量中，给每个人完善自我带来希望。

在北京举办的第 11 届亚洲运动会，让人们感受到整个中国的希望。面对西方制裁的压力和世界上一些人的怀疑目光，能否成功举办这场体育盛会，已经成为关系中国尊严和荣誉的事情。举办亚运会最大的难题是缺少资金。于是，人们这年从新闻媒体中常常看到海内外各界人士热情捐款、捐物、献画、义演和义务劳动的消息。"亚运为国争荣誉，我为亚运添光彩"，成为最时尚的标语。已经退休的邓小平到亚运会主赛场参观的时候，说了句给许多人留下深刻印象的话：看来，中国的月亮也是圆的，比外国的圆。刘欢和韦唯演唱的《亚洲雄风》，成为这年最为流行的歌曲。北京的大街小巷到处张贴着熊猫"盼盼"的标志。"迎亚运"成了老百姓的口头禅。这届亚运会 9 月 22 日在北京开幕，共有 37 个国家和地区的运动员参加，创下亚运会参赛国家和地区的新纪录。中国运动员在这届运动会上夺取 183 块金牌，高居各参赛代表团之首，真有些"亚洲雄风"的意思。

亚运会的成功，展示了中国人的信心和创造力，也让世界感受到，中国的改革开放仍然在充满希望地大力推进。

5 月，总共摘取过 14 项世界冠军、赢得 106 枚金牌的退役体操"王子"李宁，创建了以自己的名字命名的公司，并成为第 11 届亚运会中国代表团的赞助商。这一赞助，使李宁运动服"一炮走红"。对于不少城市的 80 后、90 后来说，"李宁牌"满足了他们少年时代关于穿戴的"虚荣心"。那个时候当父母的，觉得阿迪达斯、耐克这些品牌太贵，大多愿意给自己的孩子买双李宁牌的运动鞋。谁要是能从头到脚、从衣裤鞋袜帽子到背包，配备上一整套的"李宁"，就几乎代表着校园里最前沿的时尚了。"一切皆有可能"，是李宁公司被广为熟知的品牌标语。李宁体育运动品牌的出现，代表着中国改革开放后第一批强调个人影响力的民族品牌开始兴起。

中国这年最大的改革开放举措，是宣布开发开放上海浦东，并将浦东开发作为今后十年中国开发开放的重点，由此让人们看到整个长江经济带，在上海这一龙头的带动下的腾飞希望。

上海浦西外滩附近，有一个浦江饭店，原名叫查理饭店，曾是上海乃至远东最著名的饭店之一。中国的第一盏电灯、第一部电话，是在这里出现的。在许多老上海人的记忆里，这里是洋派、华丽和摩登的代名词。在1990 年就要结束的时候，这个饭店又一次"摩登"起来。12 月 19 日，新中国成立后诞生的第一个证券交易所——上海证券交易所在浦江饭店挂牌开业。当天有 30 种证券上市，其中股票八种。其实，在此之前的 12 月 1 日，深圳证券交易所也已"试开市"，来年春天挂牌营业。

从此，不少人拥有了新的社会身份，叫"股民"，他们从事着充满希望的新的经济生活，叫做"买卖股票"。

我国第一所用全国小朋友捐献的压岁钱兴建的"手拉手"希望小学在河北省平山县西柏坡落成。

张志刚 摄 新华社 供稿

1990 年 10 月 7 日晚，第十一届亚运会在北京工人体育场胜利闭幕。图为首都文艺工作者在表演具有中国少数民族特色的舞蹈《孔雀舞》。

程至善 摄 新华社 供稿

1990 年 12 月，上海证券交易所正式营业。图为上海市民为办理股票账号登记手续，在上海证券交易所门前排起长队。

柳中央　摄　新华社　供稿

1991 年
变局下的进取

经过多年积累，国际格局的变化，在 1991 年达到高潮。

1 月，酝酿已久的海湾战争爆发。以美国为首的多国部队出兵海湾地区，实施"沙漠风暴行动"。这是联合国成立以来第一次在没有反对票的情况下采取的国际军事行动。当伊拉克的"飞毛腿"和美国的"爱国者"两种导弹在天上飞来飞去的时候，中国老百姓第一次感受到什么是现代化战争，并有了战争的胜负不仅取决于"钢片"更取决于"硅片"的说法。

12 月，苏联解体，东欧剧变，在中国人的惊讶和感叹中走完了最后一段行程。苏联总统戈尔巴乔夫宣布辞职，飘扬在克里姆林宫上空的苏联国旗悄然降下，世界上第一个社会主义国家在经历几年热闹的变化后解体了。在此前后，中国人熟悉的东欧所有的社会主义国家，也在经历动荡后纷纷抛弃了原来的发展道路。对峙 40 多年的东西方阵营之间的冷战格局，降下了帷幕。

年初年底的这两大事件，是第二次世界大战结束后国际社会的重大变局。一时间，国际社会把目光投向中国，预期着中国也会有什么变化。人们确实看到了中国的变化，那是在既定路子上不断进取的变化。

从 5 月 1 日起，北京出现了一种新兴的旅游景观。每天的大早和傍晚，都有许多人等候在天安门广场，观看国旗的升降仪式。如今，这已经成为到北京旅游的热门景观。

在群雄争霸的世界体育格局中，中国运动员这年取得两个历史性的突破。中国女子游泳运动员林莉在澳大利亚举行的第六届世界游泳锦标赛中，夺得女子 400 米个人混合泳冠军，为中国夺得第一枚世界游泳金牌。21 岁的国际象棋运动员谢军，战胜苏联选手齐布尔达尼泽，荣登世界冠军的宝座，从而打破了苏联女棋手 41 年来对这个项目的垄断历史。这次比赛，被国际象棋界称为"世纪之战"。

人们忘不了的，还有淮河流域发大水，受灾人口达到两亿。海内外各界人士像支持亚运会那样，捐款、捐物，支援灾区。

在国际大变局中，中国在改革上进取依然。1 月 14 日，重庆市政府作出决定：在商业系统实行经营放开、价格放开、用工放开、分配放开的政策。这"四放开"开启商业领域改革走向市场的先河，在重庆 11 家商业企业试点后，很快见了成效，在全国引起轰动。不到一年时间，先后有 300 多批近 4000 人前来取经。在下一年，北京 40 万商业职工便告别了铁饭碗，实行全员合同制。打破铁饭碗已成不可阻挡之势。

宗庆后承包的一家只有十几个正式员工的校办企业，这年兼并了资不抵债、却拥有 2200 多名正式员工的国营杭州罐头厂。实际结果是，只用了 3 个月的时间，便还清了此前杭州罐头厂的债务，当年的利润就达到 2000 多万元。这个进取故事的主题，当时被称为"小鱼吃大鱼"，主角是杭州娃哈哈营养食品厂，即今天非常有名的娃哈哈集团。

与此同时，中国农村乡镇企业的发展，以极其顽强灵活的进取活力，

迈上了一个新的台阶。乡镇企业的总产值，在 1991 年突破了 1 万亿元，占
到全国社会总产值的 1/4。

在开放领域，继 1985 年和 1988 年中国吸收外商直接投资的两次高潮
后，1991 年出现第三次高潮。全年批准外商投资项目 12968 个，比上年增
长 78.4%。与此同时，日本、英国、意大利等西方国家的政府首脑，以及
美国的国务卿先后来中国访问，西方国家和一些国际组织，在没有宣布取
消对中国制裁的情况下，大体上取消了从 1989 年开始的所谓制裁。

在变局中不断进取的中国，释放出的社会活力，也很可观。甚至可以说，
正是社会活力塑造着进取的中国。

进入 1990 年代，爆发出几近"疯狂"的英语热。学好英语，似乎成
为改变命运、获得成功的法宝。无数年轻人为此呕心沥血，有的人考托福、
GRE、雅思，考了几十次，还有的人为了出国倾家荡产也在所不惜。这年，
在北京大学外语系当老师的俞敏洪，看到了英语热后面的商机，辞职下海了。
两年后，他创办的专门做英语培训的北京市新东方学校，成了普通人学习
英语、争取拿奖学金出国留学的一个重要桥梁。俞敏洪和他的创业伙伴的
故事，后来被拍成《中国合伙人》，成为体现改革开放以来年轻人励志和
创业的现象级影片。

这年播出的电视剧《外来妹》，让人看到无数打工者的酸甜苦辣，主
人公的执着追求和命运转折，更激励起无数人勇敢进取的心。"外来妹"
从此成为一些地区对打工女孩子的一个专门称谓。这个时候，已经有越来
越多的人离开家乡，出外打工或做生意，在进取中寻找新的希望和梦想。

到这年 1 月，北京已经有了 4000 多个移动电话用户。手握形似砖头的
"大哥大"，是那些做生意的老板们的时尚。对普通老百姓来说，他们最
感兴趣的，是在这年问世的、挂在腰间的汉字显示的 BP 机。比起数字 BP 机，

汉显 BP 机可以用生动丰富的汉字传递信息，格外受到那些出门在外的人的钟爱。

　　还有更超前的举动。农民出身的 25 岁的浙江商人王均瑶，这年首开私人包机的先河，赢得"胆大包天"的个人声誉。美国《纽约时报》评价说："王均瑶超人的胆识、魄力和中国其他具有开拓和创业精神的企业家，可以引发中国民营经济的腾飞。"

从 1984 年天津生产出首辆大发面包车，北京出租车开始大范围采用这款车。站在 20 世纪 90 年代初期的北京街头，满眼都是黄色 "面的"。

新华社 供稿

1992 年
新一轮大潮

邓小平 1 月的南方之行，后来被歌里形容为"春天的故事"。在武昌、深圳、珠海、上海等地，他走一路，看一路，谈一路，核心观点是："中国只要不搞社会主义，不搞改革开放、发展经济，不逐步地改善人民的生活，走任何一条路，都是死路。"有位记者把邓小平此行写成一篇题为"东方风来满眼春"的报道，发表在 3 月 26 日的《深圳特区报》上，引起全国轰动。

中国共产党这年秋天召开的十四大，明确提出建立社会主义市场经济体制。探索了 14 年，中国的经济体制改革终于确立了目标模式。新一轮改革开放大潮，由此到来。

为发展得更快一些，各种新政策新思路这年纷纷出台。海南省吸收外资开发洋浦经济开发区；上海浦东建设，在项目审批和资金筹措上进一步放开；开放东北地区 4 个边境城市，内地所有省会城市都开始实行沿海开放城市的政策；推进股份制企业试点；广东提出要在 20 年内赶上亚洲"四小龙"发展水平；历经 40 年论证的兴建长江三峡工程的议案获得通过……凡此等等，不一而足。

深圳经济特区推出惊人举措。政府这年重奖知识分子，最高达到110万元。知识和经济携手，科技与金钱共舞，成不可阻挡之势。与此同时，中国自行研制的"长征二号E"捆绑式运载火箭成功发射了一颗澳大利亚卫星，中国第一台10亿次通用并行巨型计算机在长沙问世。

浙江义乌小商品市场，以成交额10.25亿元的业绩，位居全国十大市场榜首。随后，经国家工商总局批准，义乌小商品市场被命名为义乌"中国小商品城"。1982年设立的义乌小商品市场，经历五次搬迁，八次扩建，如今已成为全球最大、对国际小商品贸易具有举足轻重影响的国际商贸城。在联合国确定的全球50多万种商品中，义乌小商品市场就有40多万种。"义乌指数"成为国内主要小商品生产厂家和国内外采购商的重要参考依据和"风向标"。

拍卖的槌声在这年此起彼伏响起。上海拍卖私车牌照，武汉拍卖亏损的国有企业，各地拍卖含有吉祥数字的电话号码。青岛电话号码拍卖创出新纪录。一个号码为908888的手机号，以11万元的高价被一个乡镇企业买下。北京首次国际文物拍卖会落槌，成交158万美元。在一片喊价声中，市场经济开始全面进入人们的经济生活。

上千万人在这年蜂拥进股市，为能够买到新股，人们提前一天排起长队。在8月那个炎热的夏天，秩序大乱，深圳的股民发生骚乱。

靠养鹌鹑起家转而生产饲料的四川人刘永好，成立中国第一个经国家工商局批准的民营企业集团——希望集团。这一转折使他和他的企业走上了快速发展的路子。时事分析家们把1992年看成中国民营经济成长的关键点，从业人员地位的提高大大扭转了人们的观念。

一批在党政机关或事业单位工作的年轻人命运发生更大变化，他们主动抛弃"铁饭碗"，辞职下到市场经济之海去游泳了。他们中的不少人，后来成为成功的企业家，还给自己找了一个共同的名号"92 派"。属于"92 派"的陈东升，当时在国务院发展研究中心工作，辞职创办了嘉德拍卖公司，此后又创办了泰康人寿保险公司。他后来回忆："如果我 80 年代中期下海，别人肯定说我犯了错误；如果我 1989 年下海，别人肯定说我是混得不如意；但我 1992 年下海，别人的评价多是正面的，这就是社会主流价值观变了，开始认同下海这个事了。"

新一轮改革开放大潮到来时发生的变化，不同的人有不同的感受。对孩子们来说，他们的感受是："麦当劳"来了。4 月，北京第一家麦当劳餐厅，也是世界上最大的麦当劳餐厅，在繁华的王府井正式开业，第一天便拥来将近四万名顾客，刷新了麦当劳一天顾客人数的纪录。对那些忙得连吃饭都顾不上的人来说，他们的感受是：方便面"康师傅"来了。麦当劳、康师傅这样的快捷食品，合上了中国人新的生活节拍。

引进的不只是外面来的快餐。1992 年，纷至沓来的外商投资热再度兴起。摩托罗拉中国电子有限公司开始在天津兴建生产通讯和电子产品的工厂。微软公司在北京开设办事处，并同中国各计算机生产厂家签署了计算机软件新版本的授权使用协议。连屡屡让人失望的中国足球国家队，也在这年引进了第一位洋教头施拉普纳。

还有一件事，中国人经历 40 多年积累，也达成了共识。10 月，台湾"海峡交流基金会"和大陆"海峡两岸关系协会"在香港举行商谈，在"一个中国"原则下，达成"九二共识"。

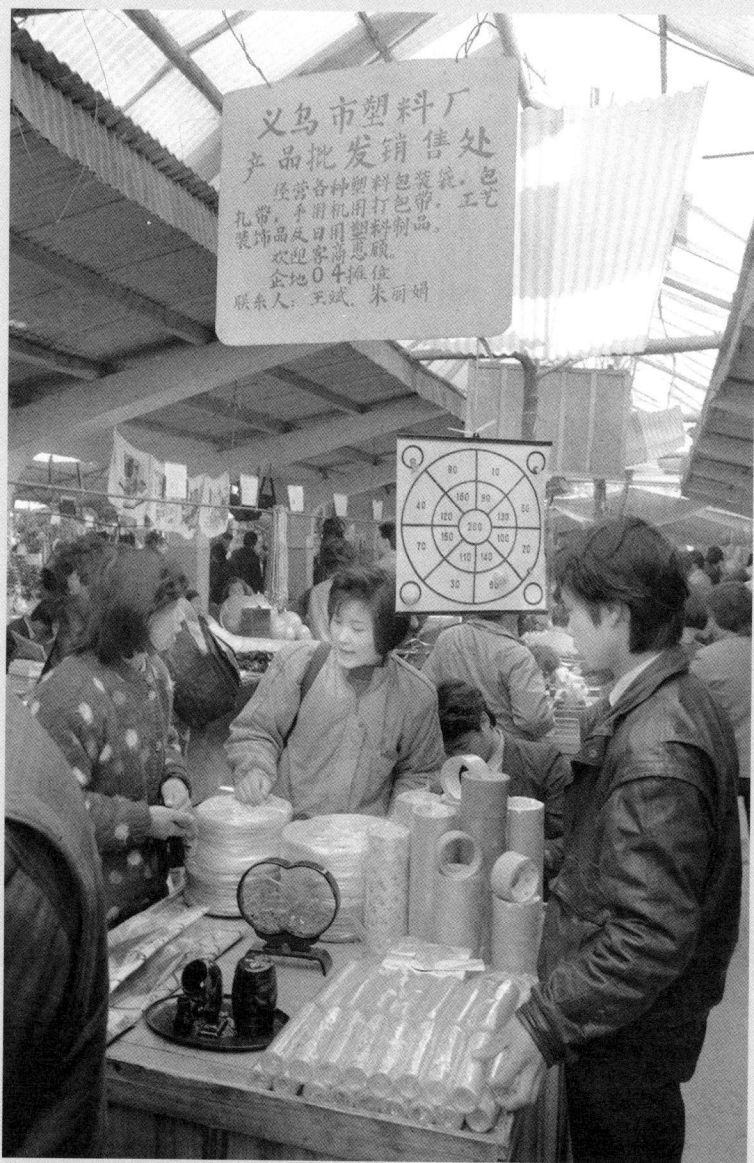

义乌市 48 家乡镇集体企业在小商品市场设摊位销售本厂产品。图为浙江义乌市塑料厂设在小商品市场的一个摊位。　　　　　徐　邦　摄　新华社　供稿

1993 年
旧记忆，新感觉

　　春天，海峡两岸关系协会会长汪道涵和台湾海峡交流基金会董事长辜振甫，在新加坡举行会谈。两岸穿越历史第一次握手的"汪辜会谈"，唤起人们不少旧记忆，带来兴意浓浓的新感觉。

　　改革进入第 15 个年头，人们的生活越来越自在和多样。中央电视台推出的"东方时空"，开始讨论起赞不赞成城市居民养狗的话题。这在今天是顺理成章，在当时却是件让人脑洞大开又不乏争议的话题，因为不少人为温饱犯愁的岁月才过去不久。

　　国家全面放开粮油购销价格，敞开供应粮油。最后一批粮票和油票，这年悄悄地从粮店、从户口本上消失了。其实，人们此前已经不拿粮票当回事，常常用它换鸡蛋，换大米，换脸盆。再早几年，用了几十年的布票、豆腐票、副食本等许多象征经济短缺的票证，已先后退出了人们的生活。排队购买紧缺日用品的现象成为历史，意味着计划经济体制下的特有现象在消失，新的社会主义市场经济体制在发育。各种旧票证，也有新感觉，那就是成为人们的收藏品。

　　3 月通过的《宪法修正案》，正式写入了"国家实行社会主义市场经济"的条款。同时颁布的《企业法》，使市场经济中的企业主体有了经营的依据。11 月召开的中共十四届三中全会，通过《关于建立社会主义市场经济体制的若干决定》，构筑起社会主义市场经济体制的基本框架。

　　市场经济是个旧名词，人们对它拥有不少旧的记忆。社会主义市场经济却是一个新名词，人们对它拥有的只是新感觉。在实践中怎样去做，对所有人都是一个新课题，结果是旧记忆和新感觉相互掺杂地都跑了出来。一些地区还没理清发展思路，在这年就"大干快上"了。一个段子开始流行，说是一块砖掉下来砸到十个人，有九个都是"老板"。留给人们记忆最深的是这样一些炽热的场面：似乎人人手中都握有钢材、汽车、家电、化肥等紧俏商品，一经转手便能赚取许多。钢材的价格几经炒作短时间里就涨了四倍多。

　　股票热、房地产热、开发区热、集资热，遍布各地。广西北海是一个仅有十多万人口的城市，兴起的房地产旋风，"刮"来各地不少房地产投资商。当地传说，到 2010 年，全世界前十位大城市，有北海一个。结果是众多的"烂尾楼"和卖不出去的别墅，后来用作了鸡舍和鸭舍。

　　全国固定资产投资规模高达 13000 多亿元，比上年增长 61.8%，经济过热导致通货膨胀达到 21.7%，为经济发展埋下了隐患。从下半年开始，中央政府不得不对经济发展实行宏观调控，推出严格控制货币发行、稳定金融形势等 16 条措施。

　　在市场经济的海洋中游泳，人们对自己的命运似乎不像以前那样容易把握，情感上又多少想起过去的稳定岁月，由此使怀旧成为不小的时尚。

　　1993 年，是毛泽东诞生 100 周年。新闻媒体常常报道各种纪念活动，过去传唱的红色歌曲成为流行歌曲。由中国唱片公司上海分公司出版的一盒名为《红太阳——毛泽东颂歌新节奏联唱》的歌带，销售量突破 400 万盒大关。大街小巷到处飘出"太阳最红，毛主席最亲"的歌声。出租车司机也流行把毛泽东的相片挂在挡风玻璃上，说是可以保佑平安，还可以避邪。

还有件让人们从旧的记忆中做出新感觉的事情。12 月，在总结学雷锋活动经验的基础上，共青团中央发起青年志愿者行动。两万多名铁路青年率先打出"青年志愿者"的旗帜，在京广铁路沿线开展为旅客送温暖志愿服务。这项行动迅速在全国展开，服务领域不断扩大，在农村扶贫开发、城市社区建设、环境保护、大型活动、抢险救灾、社会公益等领域，都能看到青年志愿者的身影。2000 年，每年 3 月 5 日纪念雷锋的日子被确定为"中国青年志愿者服务日"。

过去的记忆和新鲜的感觉，就这样延伸和融入人们的日常行为之中。

1994 年 5 月 4 日，中国青年志愿者授旗仪式在北京人民大会堂举行。8 支青年志愿者服务队 200 多名青年志愿者的代表接受队旗。他们将分赴井冈山、大别山、三峡库区等重点贫困地区 开展志愿服务活动。

刘卫兵 摄 新华社 供稿

1994 年
齐头并进

　　为建立社会主义市场经济体制，经济领域的配套改革方案在这年紧锣密鼓出台，齐头并进实施。

　　元旦那天，中国实行汇率制度改革，人民币实现经常项目下有条件可兑换。这是什么意思？意思是，过去你想用人民币换点美元，实际上有三种价格：国家牌价、市场调剂价、"黑市"价。改革后虽仍然存在"黑市"，但国家牌价与市场调剂价并为一体，由此结束了九年的外汇"双轨制"，形成以市场供求关系为基础的、单一的、有管理的浮动汇率制。

　　随之而来的，是人民币与美元的汇率从 5.76 ：1 调整为 8.7 ：1。这一调整，使中国外贸型产业成本下降，国际贸易竞争力大大增强，出口贸易额剧增，吸引外商大量向出口贸易类产业投资。这年中国吸引的外资突破 300 亿美元大关，占全世界引资总量 14.96%，在发展中国家的比例更是超过了 30%，中国作为引资大国的地位就此确立，并且一直牢牢占据着这一位置。

　　与此相应，此前受到追捧的外汇券，停止发行和流通。外汇券是供短期来华外宾和回国侨胞使用的兑换券，它可以从免税商店里买到国外进口的或一般商店稀缺的紧俏商品。

金融体制改革有了突破性展开。中国进出口银行、中国农业发展银行、国家开发银行这年相继成立。政策性银行的组建，标志着顺利实现政策性金融和商业性金融的分离，目标是形成以国有商业银行为主体、多种金融机构并存的金融组织体系和市场体系。

这年上演的改革"重头戏"，是财税体制从"包干制"到"分税制"的变革。从 1980 年开始实行的中央与地方财政"分灶吃饭"的包干制，带来的弊端是，经济发展的税收增量几乎都留在了地方，中央财政收入比重逐年下降，宏观调控能力弱化，涉及全局性的基础项目上不了马，还发生过中央向地方"借钱"并且借而不还的事情。此外，各省区之间搞低水平重复式建设，并相互封锁市场。比如，你如果出差到湖北，要买盒湖南生产的香烟，摊主会说没有，看你实在不想买湖北生产的，他会四处望望，偷偷从烟摊底下的箱子里摸出一盒湖南烟卖给你。改为分税制后，从地方拿大头变成了中央拿大头，然后通过财政转移支付的方式平衡各个省区。有人说，分税制疏通了改革发展的经济脉络，这无论怎样评价都不过分。

与分税制齐头并进的，还有新税制。这年开始实行新的《个人所得税法》，起征点确定为 800 元。搞企业经营的，则开始使用增值税发票了。

税制改革增加了中央财政收入的底气，国家更有能力来解决贫困人口的温饱问题了。后来非常有名的"国家八七扶贫攻坚计划"，就是从 1994 年开始的。当时，全国没有解决温饱的贫困人口有 8000 万，大多分布在革命老区、少数民族聚集区和边远地区的农村。中央决定力争用 7 年的时间，基本上解决 8000 万人的贫困问题，当时的脱贫标准，是贫困户年人均纯收入按 1990 年不变价格计算，达到 500 元以上。

国营企业改革出现质的变化。国营企业改称为国有企业。建立"产权清晰，权责明确，政企分开，管理科学"的现代企业制度，成为国有企业走向市场的关键。全国确定 100 家试点企业按《公司法》进行制度创新，母公司、子公司这样一些概念开始为人们熟知。

齐头并进的中国，还发生一件可以载入史册的事情。4 月，中国科学院副院长胡启恒专程赴美拜访主管互联网的美国自然科学基金会，代表中方重申接入国际互联网的要求。4 月 20 日，由中国科学院计算机网络信息中心开发设计的、国家计委利用世界银行贷款建设的重点学科项目 NCFC 工程的 64K 国际专线开通。中国实现与国际互联网的第一条 TCP/IP 全功能链接，成为国际上第 77 个正式拥有全功能 Internet 的国家、第 77 个互联网"成员国"。1994 年，由此被称为中国互联网元年。今天看来，64K 的专线速度可以说是"龟速"，即便是普通家用宽带速度也有 200Mb，是当时接入时的 3000 多倍，下载同样大小的文件，1994 年时需要 50 分钟，今天则只需"叮"的一声就完成了。即便如此，从接入互联网的第一天开始，中国就一刻不停地追赶着世界速度，互联网也以更加波澜壮阔的方式改变着中国。

中国的城市数量由 1979 年的 193 个发展到 600 多个。第三产业的兴起，市场物价逐渐回落，各种"超市"的出现，使城市的生活越来越方便。劳动合同制的实行，使年轻人更加勇敢地告别铁饭碗，可以凭兴趣和特长选择职业。

也有一些人的日子不太好过。这年，一批劣质鞋在杭州武林广场被付之一炬，杭州的商店在店门口贴出大幅告示"本店不售温州鞋"，连温州的其他产品也遭了殃。温州的假货甚至坑到了浙江省副省长身上。他在温州市面上花 5 元钱买了条据说是真牛皮的皮带，结果只打了个喷嚏，皮带就绷断了。在走向市场经济的过程中，如何建立有效的诚信机制和自我约束的规范，一下子摆在了人们的面前。

有人从假冒伪劣的商品中捕捉到商机，专门购买有不良嫌疑的商品，然后经鉴定确认为假冒伪劣后，便找商家索赔。最有名的是一个叫王海的山东人，有人称之为"恶意购买"，有人称之为"打假英雄"。随着打假呼声的高涨，逼迫厂家在市场竞争中提高产品质量，已经是大势所趋。

一个叫王军霞的女子长跑运动员，获得世界田径赛最高奖项欧文斯杯。去年她以 29 分 31 秒 78 打破 7 年前由挪威选手创造的万米跑世界纪录，被人们称为"东方神鹿"。

1994 年的中国，齐头并进的改革和发展步伐，真有些像"东方神鹿"。

1995 年
家园故事

中国人唱着《纤夫的爱》《同桌的你》《中华民谣》这些流行歌曲，走进了 1995 年。这年的精神家园，故事很多。

对老百姓来说，最快乐的事情，要算是从五一节开始实行的双休日制度了。每周只工作五天的人们，从此有更多的业余时间去做自己喜欢做的事情，比如看看电影。正好这年第一次以分账形式引进了十部国外大片，《真实的谎言》《生死时速》《狮子王》《阿甘正传》《廊桥遗梦》，吸引着人们频频走进电影院，享受精神文化的"大餐"。

沉淀着红色记忆的文物艺术，气势恢宏地进入了市场。中国嘉德拍卖行以 550 万元的价格，拍卖出年龄大一点的人无不知晓的油画《毛主席去安源》。更奇特的是，一对 1949 年开国大典时使用的、在天安门城楼挂了 45 年的宫灯，俗称大红灯笼，拍出 1380 万元的天价。

这年如果你从北京朝阳门大街经过，会发现街道两旁多了一道风景。竖立的玻璃展墙上，有不少当今时代的英雄模范照片。在建立社会主义市场经济体制条件下，如何推进党的建设"新的伟大工程"，如何构建人们的精神家园，如何塑造人们的心灵世界，成为亟须解决的一个课题。

把人们的精神家园装点得格外醒目的，是两次赴西藏工作的山东人孔繁森。在大风雪中，他把毛衣脱给藏族老阿妈穿；每次下乡都携带着小药箱，给医疗条件差的牧民们看病；他收养了 3 个在地震中失去亲人的藏族孤儿；在工作途中遇车祸牺牲时，公文包里装的是他担任书记的阿里地区的发展计划。此外，还有牺牲在抗洪救灾一线的锦州市委书记张鸣岐，以及北京普通的售票员李素丽、上海普通的水暖工徐虎、被称为"抓斗大王"的上海港务局专家包起帆，他们都在 1995 年走进人们的眼帘。

国运兴，带来科教兴；科教兴，促进国运兴。建构中国人的家园，关键靠科技教育。5 月召开的全国科学技术大会，正式决定实施科教兴国战略。参加科技大会两个月后，刚刚当选中国工程院院士的袁隆平宣布：两系法杂交水稻研究成功。这是他研制出三系法杂交水稻技术后的又一次重大科技创新。不久，联合国粮农组织把"粮食安全保障"荣誉奖给了这位农业科学家。

国家这年启动"211 工程"，目标是面向 21 世纪，建设 100 所左右的重点大学。1998 年 5 月，又从这 100 余所高校中，选出 30 多所，朝着建设具有世界先进水平的一流大学努力，俗称"985 工程"。从此，填写高考志愿的时候，许多学生和家长的目光，都会在属于 211 或 985 的高校名称上绕来绕去，把它们视为自己最向往的学习家园。

人们还从电视直播里真切看到了西藏传承下来的宗教轨制"金瓶掣签"。在高僧齐聚一堂的大昭寺内，中国佛教协会西藏分会会长郑重地从装着三根签牌的金瓶内，掣出一根用藏、汉两种文字书写的签牌，经国务院代表和特派专员等验视确认后，当场宣布中签者为十世班禅转世灵童。在十天后举行的坐床仪式上，中央政府代表向十一世班禅授赠用汉藏两种文字铸刻的金印和金册。西藏班禅转世系统新一代精神领袖由此确认。

根据中美双方有关机构签署的协议，这年在北京、上海提供国际互联网接入业务，Internet 随即成为推动中国改革开放和现代化进程至关重要的工具与平台。北京中关村电子一条街立起一个巨大广告牌："中国人离信息高速公路还有多远——向北 1500 米。"它被很多路人当作路标，实际上通向的是一个叫瀛海威的小公司，这是中国第一个互联网接入服务的公司。率先拥抱互联网的，是那些年轻人，他们试图在虚拟的世界建构另一种"家园"。

一些人想在这个"家园"里大展宏图。留美博士杨致远创办了雅虎，中国第一个互联网浏览导引雅虎搜索引擎诞生。一个叫马化腾的人投资 5 万元，购置了 4 条电话线、8 台电脑，创建了惠多网深圳站，他后来的公司名称叫腾讯。杭州电子工业学院英语老师马云坐不住了，这年辞职创办了中国第一家发布互联网商业信息的"中国黄页"网站，他后来的公司叫阿里巴巴。在互联网"家园"里，先行者开始放飞自己的创业梦想。

1996年
软着陆及其风景

　　"软着陆"是这年新闻媒体上频频出现的关键词。意思是，经过几年的宏观调控，中国经济呈现出高增长、低通胀的良性发展势头。从1992年到1996年，国民生产总值平均每年增长了12.1%，成为历次"五年计划"中速度最快的五年。通货膨胀率也从几年前的21.7%降到6.1%，由此实现了从高投资、高通胀到高增长、低通胀的软着陆。这次对经济过热的调控，中国终于没有陷入过去屡屡遭遇的一放就乱、一统就死的怪圈。

　　经济软着陆的中国，风景不错。这年，粮食产量突破1万1千亿斤，钢铁产量突破1亿吨，居世界第一。年龄大一点的人肯定是感慨万千，中国人曾经在吃饭这件事上耗费过多少心血，更有过为了生产1千万吨钢而全民动员大办钢铁的年代。这年举办的"863计划"十年科技成果展览，让人们耳目一新，科学技术是第一生产力，已经成为全国上下的普遍共识。

　　经济软着陆的中国，着力打造新的风景。关于改革发展，明确提出两个转变，即经济体制从传统的计划经济体制向社会主义市场经济体制转变，经济增长方式从粗放型向集约型转变。实现这两个转变，不会是一朝一夕的事。

眼前有更迫切的新风景需要去塑造。这年召开的第四次全国环境保护会议，强调贯彻实施人口、资源和环境的可持续发展战略，各级政府投巨资实施淮河、太湖流域的治污工程，铁道部开始在全国铁路沿线清除白色垃圾的污染。

这年的社会风景也值得一看。

多数人的生活消费由温饱型向小康型过渡。你如果住在上海、广州，家里的固定电话号码突然升到了 8 位数，挂在腰间的"BP 机"用得越来越少，手拿摩托罗拉的手机成为时髦。越来越多的人开始有了旅游消费的需求。旅行结婚成了年轻人的时尚。高速公路在一些大城市间多起来了。外出旅行乘坐飞机已经不是难事。爱美的姑娘把服装化妆品市场抬得生意红火。孩子们也成了商家瞄准的消费族，学钢琴、学外语、吃汉堡，让家长们忙得团团转。独生子女的教育开始引起人们的高度重视。一部叫《寻找雷锋的日子》的电影，在全国上下引起了不小的震动，似乎也提醒着人们要树立好的社会风尚。

让人又爱又恨的足球运动，也走向了市场。职业联赛的推行，为足球比赛带来空前火爆。企业家们大把大把地将钱扔到绿茵场上，球员的腰包也迅速鼓了起来，不同俱乐部的球迷阵线分明，他们哭，他们笑，毫无保留地把感情抛洒在电视镜头面前。

这年开通运营的北京到香港九龙俗称"大京九"的铁路干线，跨越 9 个省市的 98 个市县，全长 2235 公里。京九铁路设计得有些奇怪，在许多地段，人们看到的风景是不走平地爬大山，不走直线绕大弯，专门途经冀鲁豫边界以及大别山、井冈山这些革命老区。这条纵贯南北的交通大动脉，使中部贫困地区有了与外部发达地区连接的大通道，被人们称为"致富路"。

一部叫《被告山杠爷》的电影，受到关注。村支部书记山杠爷，行事大公无私却触犯法律，最终成了被告，由此警示人们，小到治理一个村庄，大到治理一个国家，光凭人格魅力和权力不行，还要依法办事。其实，去年一部叫《秋菊打官司》的电影，也已讲到，一个黄土高原上的普通农村妇女，为了替被村长踢伤的丈夫讨个说法，一趟又一趟地去打官司。法律意识在公民中的普及和觉醒，是近 20 年改革开放的一个重大收获。老百姓明白了一个道理，市场经济，说到底就是法制经济。

正是在 1996 年，中央提出一个重要的治国方略，叫依法治国。建立现代化国家，必须构筑好规范的法治风景。

"大京九"的最后"冲刺"。图为承担阜九段部分铺架任务的铁五局新运处青年突击队在紧张工作。

刘继伍 摄 新华社 供稿

1996 年 4 月 2 日，"863"中国高技术研究发展计划十周年工作会议在北京召开。十年前给中央写信建议发展中国高技术的四位老科学家王大珩（左一）、王淦昌（左二）、杨家墀（左三）、陈芳允（左四）在会后合影。

姚大伟　摄　新华社　供稿

1997 年
跨　越

无论从哪个角度讲，跨越，都是 1997 年比较恰当的关键词。

元旦那天，中央电视台开播一部叫《邓小平》的文献纪录片。许多人了解邓小平跨越革命、建设和改革的生平经历，是从这部片子开始的。想不到 50 天后，这位中国改革开放和现代化建设的总设计师逝世了。路透社在评论中说：“他真正改变了中国。”

高举邓小平理论伟大旗帜，把建设有中国特色社会主义事业全面推向 21 世纪，成为这年召开的中共十五大的主题。大会还确立了社会主义初级阶段的基本经济制度，提出要坚持和完善社会主义公有制为主体、多种所有制经济共同发展，公有制实现形式可以而且应当多样化，非公有制经济是中国社会主义市场经济的重要组成部分，坚持按劳分配为主、多种分配方式并存的制度。这是中国共产党又一次跨越式的理论创新。

2 月，中国海军的一支舰艇编队，开始跨越太平洋，访问美国等四个美洲国家。从近海走向大洋，人民海军在质量建军的精兵之路上，开始了历史性的跨越。

实现跨越的还有一座城市。3 月，原属四川省的重庆市成为中国第四个直辖市，中国大陆由此拥有 31 个中央直辖的省、区、市。

如果说，创造"大包干"等农村生产责任制，是中国农民在经济制度上的一次跨越，那么，吉林省梨树县农村村委会实行直接选举，则是他们在政治生活上的一次跨越。面对媒体和社会的关注，梨树县平安村的村民们没有想到，他们创造的"海选"经验会在全国推广，并成为中国农村村民民主自治制度的代名词。美国《基督教科学箴言报》这年 3 月 26 日发表的一篇题为《中国的村级选举暗示了民主》的文章称，"在这些村子里，参加竞选的候选人免费竞选"，"这种处于雏形期而且非常淳朴的选举"与"那种需要金钱资助、错综复杂的政治斗争相比，有着天壤之别"。

5 月，当跨越太平洋的海军舰艇编队归来时，中国人民解放军驻港部队首批先遣人员从深圳跨过罗湖口岸。7 月 1 日，香港跨越一个多世纪的时空，回到了祖国怀抱，邓小平提出的"一国两制"构想变成了现实。在当晚举办的庆典主会场上，音乐家谭盾用曾侯乙编钟复制件奏响了《天·地·人》，让 20 年前考古发现的 3000 年前的乐器，跨越时空，奏响当代中国的史诗交响曲。

就在中国恢复对香港行使主权的第二天，泰国货币突然大幅贬值，国际资本投机家眨眼之间从泰国卷走 40 亿美元，该国金融迅速崩溃。资本炒家们顺势向周边国家发起攻击，金融危机飓风般横扫东南亚各国。货币贬值、工厂倒闭、银行破产、物价上涨，连韩国、日本和中国的台湾，也受到严重影响。整个世界都在关注中国能不能坚守防线，是否通过人民币的贬值以求自保。中国明确承诺，人民币不贬值。

中华民族的两条母亲河也出现了跨越。长江三峡大坝这项跨越两个世纪的巨型工程，实现大江截流，滔滔江水驯服地沿着导流明渠向东奔去。

在治理和利用黄河的历史上带有里程碑意义的黄河小浪底工程，也顺利实现截流。被称作"亚洲第一飞人"的台湾特技演员柯受良，驾车从壶口瀑布上方成功飞越黄河，也成了这年的大新闻。

一个叫丁磊的人这年创办第一家中文全球搜索网站"网易"，留学美国的张朝阳回国推出"搜狐"，中国当时最大的域名注册和提供网站平台服务的"万网"也出现了，新浪的前身四通利方开始起步。一时间，出现了门户网站、搜索引擎、风险投资等全新商业概念。当中国第一代网民们在一个无限开放的信息世界中畅游的时候，他们感受到的，是一种认知世界的空前跨越。

1997 年 2 月 19 日，中国改革开放和现代化建设的总设计师邓小平逝世。图为宁夏银川市民在阅读刊载消息的当天报纸。

刘海峰 摄 新华社 供稿

应美国、墨西哥、秘鲁、智利海军的邀请，中国海军舰艇编队于 **1997 年 2 月 20 日**启程，首次访问美国本土和拉美三国。图为舰艇编队离港起航。

吴森辉 摄　新华社 供稿

1997年7月1日零点，参加北京市人民迎接香港回归祖国联欢会的人们观看香港政权交接仪式的电视直播。国家博物馆前，中国政府对香港恢复行使主权倒计时牌标出：距1997年7月1日还有0天、0秒。　　　　姚大伟　摄　新华社　供稿

1998 年
掌握命运

　　上年发生的亚洲金融风暴严重影响中国。一向势头不错的外贸出口，增幅从上年的 20% 猛跌至 0.5%，国内商品库存猛增，消费需求严重不足。企业家们忙着大打价格战，大商场也在寻找一切理由打折促销。渡过难关的办法也很简单：贬值货币，刺激出口。但中国没有"以邻为壑"，由此赢得"负责任大国"的赞誉。中国的选择是，为掌握自己的命运，下决心把扩大内需、开拓国内市场作为经济发展的立足点。

　　关键还是要通过改革来解决发展中的难题。这年的改革势头，似乎来得更猛烈一些，波及许许多多人的命运。

　　在机关，国务院实行大规模的机构改革，组成部门除办公厅外，由原来的 40 个减为 29 个，机关干部编制总数减少一半。国家计划委员会变成了国家发展计划委员会，人员从鼎盛时期的 2000 多人减少到 500 多人，原来按行业分工设置的冶金、机械、化工、纺织、电力等部门，都撤销了，取而代之的是基础产业司。这轮机构改革，全国各级党群机构精简行政编制 115 万人。被减下来的干部职工面临人生的重大选择，何去何从，需要自己掌握自己命运的勇气，才能决断。

在城市，人们告别了实行近 50 年的住房分配制度，开始向住房分配货币化过渡。通过向银行贷款来实现拥有或改善住房的需求，将越来越成为普通的事情。靠单位分房一事，以后的人们只能在影视作品中见到了。

在农村，土地承包 20 年的期限将至。土地关系是否要调整，对现在承包的土地还要不要继续增加投入，成了当年农民的心病。中央政府决定，土地承包制度必须长期坚持。这就给把土地和自己的命运紧紧连在一起的十亿农民，吃了颗定心丸。

在军队，中央军委下令，军队、武警不再搞生产经营活动，完全改吃"皇粮"。这样做，才能摆脱羁绊和干扰，军队的革命化、正规化、现代化建设，才能得到真正的落实。

这些改革，是利益调整，也是命运挑战。正像人们已经体会到的那样，市场经济是个万花筒，它带来了市场的繁荣，也带来了价格的波动；它带来了择业的自由，也带来了失业的风险；它带来了收入的普遍增加，也带来了收入差距的扩大。当然，在市场的海洋游泳，人们也实现了观念更新。

这年最能体现掌握自己命运的大事，是国有企业的改革。上一年，中央决定要用三年左右的时间，使大多数国有大中型亏损企业摆脱困境，力争在大多数国有大中型企业建立现代企业制度。这一决策大大加快了国有企业资产重组、技术改造和产业结构调整的步伐。

一个新的词汇在媒体上频繁出现——下岗。有 100 多年历史的上海申新纺织九厂，作出压锭限产的痛苦选择，率先迈开这艰难一步。在报废回炉的纺织设备中，有的甚至是六七十年前制造的。一锤砸下去，厂里的工人心里都清楚，砸掉的将是他们的饭碗；砸出来的将是两个令人不安的汉字：下岗！申新九厂有 3000 多职工离开了工作岗位。在全国，下岗职工这年累计达 1000 万人之多。

为了国企涅槃，几乎整整一代国企职工付出了代价。下岗之初承受的经济和社会地位的落差，是显而易见的。但是，"心若在，梦就在，天地之间还有真爱。看成败，人生豪迈，只不过是从头再来"。刘欢这年的歌曲《从头再来》，唱出了无数下岗工人的心声。越来越多的下岗职工，通过政府开设的转岗培训和再就业通道，转变就业观念，重新鼓起勇气，去掌握自己的命运。

在下岗潮奔来时，洪水潮也来凑热闹了。长江流域以及松花江、嫩江流域夏天发生特大洪水。30 多万军人投入抗洪第一线，这是和平时期中国军队规模最大的一次集结。一队队穿着橘红色救生衣、扛着沙袋或驾驶冲锋舟冲入洪水的军人形象，直观地诠释了"人民子弟兵"的内涵。封堵九江决口，保卫荆江大堤，会战武汉三镇，保卫大庆油田和东北重镇哈尔滨，军民们为保卫家园的奋战身影，被媒体忠实记录下来，不知感动了多少人。

这场突如其来的特大洪水，再一次考验了决心掌握自己命运的中国人。洪水过后，凸显出来的是豪气冲天的四个大字——"万众一心"。

1998 年，九江城防堤决口后，人民解放军及武警官兵、公安干警立即赶赴现场，投入抢险。

贺延光 摄 中国青年报社 供稿

1999 年 10 月 1 日，中华人民共和国成立五十周年盛大庆典在北京天安门广场举行。

新华社　供稿

1999 年
国家的味道

新中国满 50 岁了。美国时代华纳集团 9 月间在上海浦东新区举办《财富》全球论坛年会，主题是"中国：未来的 50 年"。这时，《财富》杂志的 500 强排行榜已成为世界上很有影响力的企业排名，它主办的全球论坛，被视为在"脑力激荡"中激发新思维的良机。新加坡内阁资政李光耀在这次论坛上说：50 年前的中国经历了历史上最为混乱的时期之一，经济惨遭战争蹂躏。今天的中国已是世界上发展最快的国家之一，这在 50 年前是根本无法想象的，世界上没有人能够预见到这样的沧桑巨变。

50 年的沧桑巨变，确实值得回顾。第 50 个年头的国家味道，更值得体会。

1999 年 9 月 9 日，在整个 20 世纪也找不出比这个日子更合适结婚了。本着天长地久的美好意愿，许许多多谈婚论嫁的男女选择在这一天登记结婚。

国家的味道越来越年轻，越来越新颖，越来越现代。手机已经广泛普及，一种叫 QQ 的即时通信软件在 2 月问世，三年后用户便突破一亿大关。拥有 QQ 号，成为青年人进行网络社交的时髦"味道"。这种时髦的味道还弥漫在大街小巷，与北京人相伴 11 年之久的黄色微型面包，人称"面的"

的出租车，渐渐退出了市场，"夏利""富康"等小轿车取而代之，成为各出租汽车公司的首选车型。

国家的味道，充满活力和希望，弥漫在大学校园。大学开始扩大招生。1998 年，中国高校总共招生 108.4 万，1999 年，国家实际招生 159.68 万，增幅达到 47.3%。高校扩招改变了许多学子的命运。当扩招消息传到浙江省台州市某县级非重点中学时，正在读高三的学生们特别兴奋。在 60 人的班里排名二三十名的刘刚，受到的影响也许是最大的。这年 9 月，他考上山东一所高校，四年后，他又考上浙江大学的研究生，后来成为浙江大学的教师。

国家的味道，开始向太空飘散。11 月，中国成功地完成了太空飞船的首次试飞，这艘飞船被命名为"神舟"。随着"神舟"系列的快速开发和运用，在此后的岁月里，中国人将越来越熟悉这个名字。

中国人的家国情怀，激发得格外浓郁。3 月 24 日，以美国为首的北约开始了对东欧国家南联盟的狂轰滥炸。5 月 8 日，美军战略轰炸机用五枚导弹从不同角度袭击了中国驻南联盟大使馆，导致我三名新闻记者牺牲。中国人的民族感情和爱国情怀激发出来了。各地群众愤怒地走上街头抗议，北京、上海等城市的学生和群众，在美国驻华外交机构附近举行大规模示威游行。美国政府就此事做出道歉和赔偿。

与此同时，一个叫"法轮功"的邪教组织在北京煽动闹事。政府果断取缔，让不少老百姓回到理性的现实生活。台湾地区领导人闹出"两国论"，宣称两岸是"国家与国家，至少是特殊的国与国的关系"，再次激发中国人维护祖国统一的坚强决心。

经历几场斗争后，中华人民共和国迎来成立 50 周年的庆典。给人印象最深的是，天安门广场举行规模空前的大阅兵，传达出一个国家的根本味道：

自豪、信心和力量。

国家的味道，还弥漫在包括 12 个省市区的西部地区。面对东西部地区经济社会发展不平衡局面，西部大开发战略浮出水面。西部地区面积 685 万平方公里，占全国的 71.4%，人口接近全国的 40%。这里曾是中华民族的文明摇篮，创造过无数辉煌。但自唐朝末年后，在长达一千多年的岁月里，由于各种原因发展落后了。如果西部地区不能与东部地区协调发展，西部的资源得不到开发，市场得不到开拓，中国经济就不可能形成统一强大的整体。

国有企业开始新的布局。面对高达 40% 的亏损面，从这年开始，中国石油、中国石化、上海新宝钢集团、国防工业十大集团、有色金属三大集团、信息产业四大集团相继组建，并先后实行股权多元化和规范上市。在以后的岁月里，这些集团公司在经济发展中发挥了顶梁柱作用。

1999 年就要结束的时候，最有国家味道的一首歌突然间家喻户晓。歌中唱道："你可知 Macau／不是我真姓／我离开你太久了，母亲／但是，他们掠去的是我的肉体／你依然保管着我的灵魂／三百年来梦寐不忘的生母啊／请叫儿的乳名／叫我一声澳门。"12 月，中国人唱着这首歌，恢复对最后一个被外国人租占的领土澳门行使主权。

1999 年 11 月 15 日，中美关于中国加入世界贸易组织的双边协议在北京签署。图为中美双方代表在协议签署后举杯祝贺。

新华社　供稿

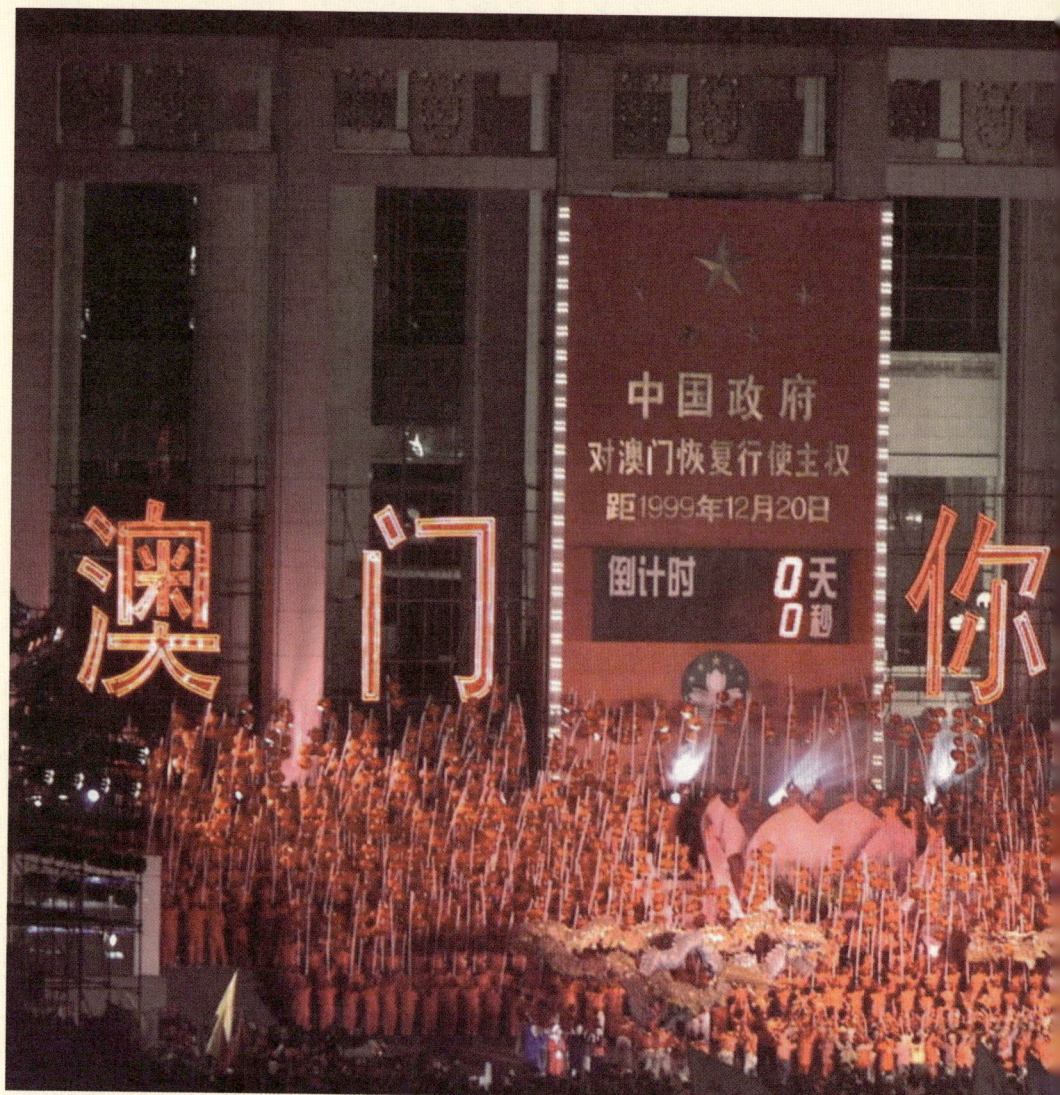

1999 年 12 月 20 日，北京市人民迎接澳门回归祖国联欢晚会在天安门广场澳门回归倒计时牌前举行。图为倒计时牌显示 0 秒时，广场上人群欢动。　李学仁　摄　新华社　供稿

1999 年 12 月 31 日晚，首都群众迎接新世纪和新千年庆祝活动在中华世纪坛举行。

兰红光 摄 新华社 供稿

2000 年
新世纪门槛

在新世纪门槛，人们喜欢感悟历史和现实。

2000 年 1 月 1 日零点，当新千年新世纪到来的时候，位于北京玉渊潭南侧的中华世纪坛，已经聚集 2 万多人。22 岁的蒙古族大学生达奔那，举着从周口店"北京人遗址"采集的中华文明火种的火炬，跑进会场。世纪坛中央平台上顿时点燃中华圣火。与此同时，天安门前升起一面刚刚搭乘"神舟"号试验飞船遨游太空的国旗。

两个世纪两个千年的交替，留下许多话题。

国家成立的"夏商周断代工程"正式公布专家们的研究结果：中国最早的朝代夏代，约开始于公元前 2070 年。此后人们常说，中华民族具有 5000 年文明史。

在感悟历史的时刻，似乎注定要发生一些事情，来印证人们对人类历史的感悟。

6 月 26 日，参与人类基因组计划的美、日、法、德、英、中六国科学家宣布，人类基因组"工作框架图"绘制成功，由此为研究人类遗传物质多态性提供了基础。巧合的是，也是 6 月，世界上第一例成年体细胞克隆山羊"元元"在西北农林科技大学种羊场出生，它的妹妹"阳阳"紧接着出世并存活下来，一年后做了母亲，生下一对"龙凤羊"。

新世纪门槛的中国经济，又是什么模样呢？国有大中型企业改革和三年脱困目标基本实现。中国名义 GDP 突破 1 万亿美元大关，位列世界第六。

在新世纪门槛，电脑从高墙深院的办公楼进入寻常百姓家，中国网民超过 2000 万人。信息高速公路让网络经济普遍热起来，还为普通中国人直接和世界沟通提供便捷的新渠道。保定市徐水县的农民李成是远近闻名的"葡萄大王"，他在网上设了一个擂台，如果谁能种出比他更好的葡萄，他就奖谁十万元人民币。一位日本人看后不服气，专程来徐水县找李成切磋技艺。

新世纪门槛的老百姓生活，总体上达到小康。股票成为人们重要的投资渠道，在沪深两市开户的投资者突破 5600 万人。绝大多数解决衣食温饱的人们，在住、行、玩上有了新的追求和新的风采。

拥有一套属于自己的住房，对多数人来说已不再是梦想。贷款买房，成为一种普遍现象。北京建设银行从 1992 年开始发放第一笔个人住房贷款，到 2000 年 5 月底才突破 100 亿元，而此后仅仅 5 个月，北京建行发放的个人贷款就突破了 200 亿元。拥有一辆私家车，也不再是天方夜谭。据统计，北京当时有 170 万辆轿车，其中 110 万辆是私家车。

从这年起，每年可以休息春节、五一和十一 3 个 7 天长假（五一长假于 2008 年改为 3 天，增加清明、端午、中秋 3 个小长假），从此有了"旅游黄金周"的说法。众多媒体在报道中不约而同地使用"井喷"一词，来形容意想不到的局面。由于准备不足，各大旅游景点普遍爆满，华山旅游风景区出现了轰动一时的长达十多个小时的游客滞留事件。2000 年的五一、十一两个黄金周，全国居民出游人数达 1 亿人次，消费超过 400 亿元人民币。

在新世纪门槛，并不是所有的愿景都能成为现实。一位农村乡党委书记 3 月给国务院总理写信说："现在农民真苦，农村真穷，农业真危险！"困扰已久的"三农"问题成为社会焦点。此前，农民除了交农业税，还要交"三提五统"——公积金、公益金、管理费的提取，农村教育费附加、计划生育、优抚、民兵训练、修建乡村道路费用的统筹，加上其他的搭车收费，导致农民负担很重。

新政从这年出台。安徽省率先实行农村税费改革，把农民承担的"三提五统"改为农业税及其附加，合理确定农民的税赋标准。这项改革，意在从根本上治理对农民的乱收费。

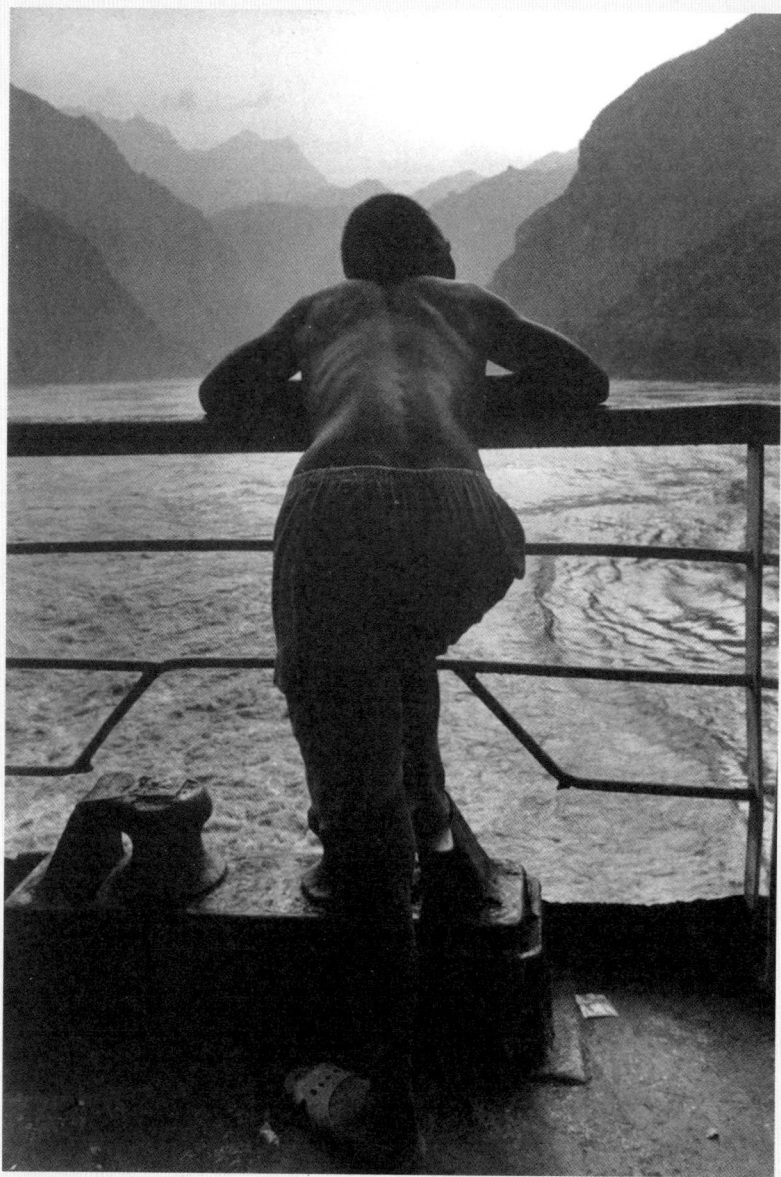

2000 年 8 月 14 日，长江巫峡"江渝九号"移民船上，一位中年男子回望故乡
云阳县南溪镇。

晋永权　摄　中国青年报社　供稿

2001 年
拥抱大舞台

春天，有两位科学家罕见地成了新闻明星。数学家吴文俊和"杂交水稻之父"袁隆平，获"国家最高科学技术奖"，还有 500 万元巨额奖励。从这年开始，国家每年都要召开科学技术奖励大会，除了国家最高科学技术奖，还设置有国家自然科学奖、国家技术发明奖、国家科学技术进步奖。在新世纪前行的中国，确实需要给科技人才更高尚更荣耀更体面的大舞台。

夏天，中国获得一个更大舞台。7 月 13 日晚上，在莫斯科举行的国际奥委会第 112 次会议上，中国获得将在 2008 年举行的第 29 届奥运会主办权。聚集在北京中华世纪坛等候消息的人们爆发出排山倒海的欢呼。有 40 万人挥舞着国旗、五环旗、T 恤衫甚至矿泉水瓶、玩具熊，拥到天安门广场欢庆。一个出租车司机也禁不住停下车来，加入狂欢人群，坐在后排的乘客急得大喊："师傅，这表老蹦字儿可受不了啊！"司机扭头喊道："不要钱了，不走了。"德国《法兰克福汇报》评论说，如果占世界五分之一人口的国家当不上奥运会的东道主，就谈不上世界性的奥林匹克运动。

秋天，国家 9 月份颁布的《车辆生产企业及产品公告》，让已经造了多年轿车的李书福很失望。他想有一个更大舞台，曾专门从浙江到北京，唇干舌燥地游说几个国家部委，要给已经生下的"儿子"吉利轿车报上正式"户口"。结果国家"公告"里依然没有"吉利"。已经投入十几个亿的李书福，感到自己站在了悬崖边上。

初冬，突然传来好消息。11月9日增发一批汽车许可公告，吉利的"豪情"轿车赫然在列，吉利集团也因此成为中国第一家获得轿车生产资格的民营企业。国家突然转变态度的原因第二天就揭晓了。从遥远的多哈传来消息，世界贸易组织第四届部长级会议通过了关于中国加入世界贸易组织（简称WTO）的决定。为这一刻，从1986年申请恢复关贸总协定缔约国地位开始，中国人等了15年，谈判了15年。改革开放的中国也由此跨进一个更大的开放舞台。

李书福驰骋轿车梦的舞台当然更大了。他说，我们的汽车可以卖给中国市场，也可以卖给世界各国市场。吉利控股集团后来还走出国门，收购了沃尔沃等汽车品牌。日本通产省当时在一份白皮书中首次提到，中国已成为"世界的工厂"，在彩电、洗衣机、冰箱、空调、微波炉、摩托车等产品中，"中国制造"均已在世界市场份额中名列第一。加入世贸组织五年后，中国便成为世界第三大贸易国。世界市场上的5000多种商品中，近2000种来自中国。

美国高盛首席经济学家吉姆·奥尼尔这年预言，巴西、俄罗斯、印度和中国这四个最大的发展中经济体将迅速崛起，把它们国名的首个英文字母连起来恰好为"BRIC"，意为金砖。后来，这四个国家顺势而为，真的让"金砖国家"成为越来越有影响力的舞台。

中国的外交搭建起一个又一个更大的国际舞台。

2月，在海南省的博鳌镇创设了"博鳌亚洲论坛"，亚洲国家从此拥有一个专门讨论经济与社会发展问题的高端论坛组织。6月，第一个以中国城市命名的国际组织——"上海合作组织"宣告成立，成员国包括中国、俄罗斯、哈萨克斯坦、吉尔吉斯斯坦、塔吉克斯坦、乌兹别克斯坦。这是在欧亚大陆出现的新的区域性多边合作组织，也是第一个在中国境内诞生的国际组织。10月，亚太经合组织（APEC）第9次领导人非正式会议在上海举行。承办如此大规模、高层次的主场外交活动，也是新中国成立以来的第一次。与会成员国领导人以"新世纪、新挑战：参与、合作、促进共同繁荣"为主题交换意见。人们在电视上看到，包括中国国家主席江泽民在内的20位肩负亚太地区历史责任的领导人，穿着各种颜色的中国传统"唐装"合影，觉得很新鲜。一时间，穿唐装在社会上流行起来。

进入新世纪后的新挑战，也在2001年的世界舞台上不期而遇了。9月11日，恐怖分子驾机撞击美国纽约的地标性建筑世贸中心大楼和华盛顿西南的五角大楼，让全世界震惊和愤慨。由此标志着冷战结束后的世界局势，又一次发生变化。

2001 年 7 月 13 日，在莫斯科举行的国际奥委会第 112 次全会的第二轮投票中，北京以 56 票的巨大优势赢得 2008 年奥运会主办权。图为北京申奥代表团成员在莫斯科为北京赢得奥运会主办权而欢呼。

新华社　供稿

2002 年
连接未来

由"青岛"号导弹驱逐舰、"太仓"号综合补给舰组成的舰艇编队，5月间从青岛军港起航，开始了环球航行。这是中国人民解放军海军历史上第一次连接各大洲的行动。

从这年开始，中国实施了不少连接未来的行动。

从东往西看，西部大开发战略的标志性项目西气东输工程，7月全线开工。这条总投资 1400 亿元的巨型管道，西起新疆，东达上海，绵延4000 公里，横贯 10 个省、区、市，连接 44 个城市及其工业用户。它一头为西部发展注入活力，一头为东部腾飞提供能源后盾。

另一项连接西部更连接未来的标志性工程青藏铁路，也已在一年前全面开工。在此后的 5 年里，西部地区新增公路通车里程 9 万公里，新建铁路铺轨 4066 公里，建成干线机场和支线机场 22 个；3200 万人告别了饮水难题，102 万贫困人口实行了生态移民；完成退耕还林 1.18 亿亩、荒山荒地造林 1.7 亿亩。毫无疑问，西部地区将展示出新的姿容，使曾经沉寂的土地，迎回发展的生机。

从南往北看，经过半个世纪的筹划，南水北调工程由规划进入实施阶段。它的总行程 3500 公里，是此时世界上最大的水利工程，也是中国最大的生态工程。工程建成后，对治理北方日益恶化的生态环境的作用，不可小看。

科技文化领域连接未来的举动，频频出现。中国召开第一届互联网大会，有人说，这标志着中国的互联网发展，走出商业化主导的门户网站 1.0 时期，开始进入网络的社交属性凸现、个人媒体层出不穷的 2.0 时期。一部叫《英雄》的电影票房收入 2.5 亿，创当时有票房统计后国产片的最高纪录。这部电影开启了国产片模仿好莱坞讲故事的模式，同时也开启了电影商业化浪潮。还有一个叫姚明的高个子篮球运动员，进入美国休斯敦火箭队，成为 NBA 历史上的首位外籍新秀状元。美国《时代周刊》评价说："他是'上帝的礼物'，他让全世界认识到真正的中国。"

"新阶层"，一个新的社会学概念，在这年进入人们的视野，从而使连接未来的一种巨大的社会结构变化得以确认。随着中国经济结构发生巨大变化，有别于传统"单位"的新经济组织和新社会组织越来越多，"自谋职业"的民营科技企业的创业人员，受聘于外资企业的管理技术人员，个体工商户，私营企业主，中介组织的从业人员，自由职业者等，都属于新的社会阶层，他们都是中国特色社会主义的建设者。

连接未来的盛事，是 11 月召开的中共十六大。大会把"三个代表"重要思想作为必须长期坚持的指导思想和行动指南写入党章，胡锦涛当选为中共中央总书记，次年 3 月被选举为国家主席，2004 年当选为中央军委主席。党的领导层顺利实现交接。大会肯定了民营经济在发展中国经济方面所起的重要作用，提出要依靠法律保护私人财产。有一个叫蒋锡培的拥有 12 亿元资产的民营企业家，是唯一一个以"民营企业主"身份填表登记、当选中共十六大代表的党员。

　　2002 年国内生产总值首次突破十万亿元人民币，开始拥有一个不错的"家底"，一个总体上达到小康水平的"家底"。但中国没有自满，因为目前的小康还是低水平、不全面、发展很不平衡的小康。于是，十六大提出一个更宏大的连接未来的目标，这就是在新世纪的头 20 年里，使国内生产总值再翻两番，从而全面建设一个能够惠及十多亿人民的、较高水平的小康社会。

　　引人注目的是，在十六大报告的结尾部分，有一个词接连出现 5 次——"中华民族伟大复兴"。这是中华民族连接未来的最大渴望。

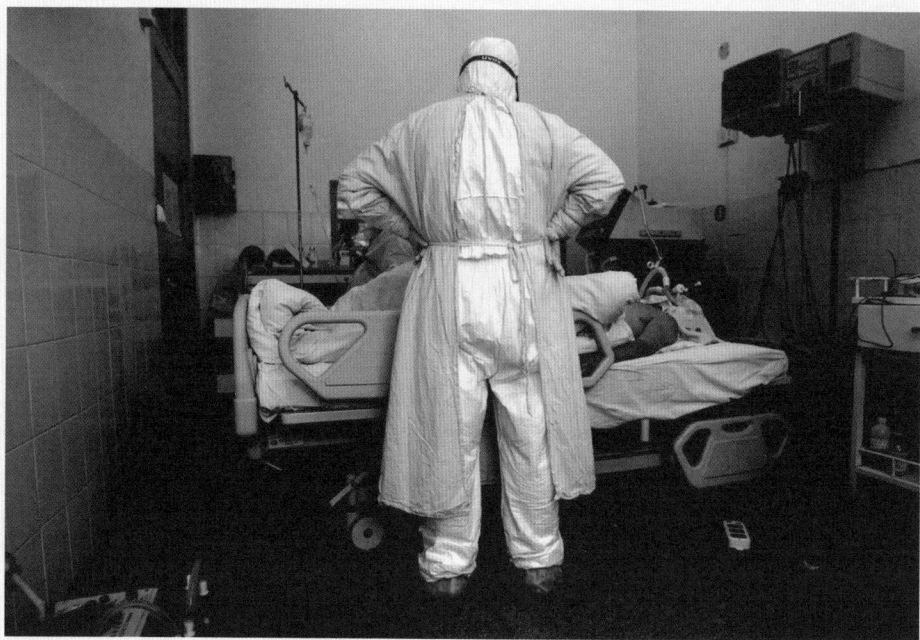

2003 年 4 月 30 日，北京地坛医院。一位 SARS 患者因抢救无效身亡，一名医生久久地站在他的遗体旁。

贺延光 摄 中国青年报社 供稿

2003 年
"测试民族的体温"

听周杰伦风格怪异的歌曲《双截棍》和《半兽人》，是这年春天青少年的时尚。春天到来得确实有些诡异，就像一首题为"2003：春天的故事"的诗歌写的那样："有一双陌生的手／推开了春天的大门／这双邪恶的手扼住了春天的喉咙"，"也许它的出现／是为了测试民族的体温"。

一种怪异的、被称为"非典型性肺炎"的呼吸道传染病，在毫无预兆的情形下肆虐成灾，从广东迅速蔓延到全国 26 个省市区。高发期每天都有过百人发病。中国内地累计报告"非典"患者 5327 名，死亡 348 名。

"非典"病毒所造成的恐慌，一度比病毒本身更快地在人群中蔓延。大街小巷忽然涌出无数戴口罩的人，公共场所，测试体温成为常态，一声小小的咳嗽就可以在人海中泛起涟漪。民间到处流传着治疗"非典"的处方，一时间板蓝根告急，中药饮片脱销，甚至连醋也供不应求，人们身上似乎总散发着消毒液的气味。

中华民族有自己特殊的"体温"。为抗击"非典"，全社会紧急动员起来了。在一线收治和抢救病人的医生护士，有 40 多人献出了生命。广东省中医院 47 岁的护士长叶欣，是第一位牺牲的人。"这里危险，让我来吧！"这是她生前留下的一句让同事们刻骨铭心的话。她甚至把同事关在门外，毫无协商的可能："我已经给这个病人探过体温、听过肺、吸了痰，你们就别进去了，尽量减少感染机会。"她自己被感染了，面对前来治疗的医生，却写下"不要靠近我，会传染"的字条。"大医精诚"是这些白衣天使精神写照，他们的高尚蕴藏在平凡之中，测试着民族的"道德体温"。

道德体温有其标准。新浪网与国内 17 家媒体，在这年共同推出大型公众调查"20 世纪十大文化偶像"评选活动，雷锋以 23138 票排名第七。关于雷锋的评语，是这样写的："雷锋精神曾经影响了一代人，他堪称是共产主义新型人格的代表。"

夏天，"非典"终于退却。中国经历过各种考验，但像"非典"这样的考验还是第一次。它以极端的方式，暴露出我国发展过程中社会建设方面的"短板"。如公共卫生体系存在缺陷，应对突发事件的机制尚未健全，政府应急能力有待提高等。最根本的，是给人们提出这样一个问题：究竟需要什么样的发展，怎样发展？于是，以人为本、全面协调可持续的科学发展理念，在这年明确提了出来，意味着中国发展的"体温"将发生变化。

与此同时，针对城乡发展不平衡、产权制度不健全、市场秩序比较混乱、政府职能转变还不到位等体制性弊端，改革发力，目标是完善社会主义市场经济。11 年前开始讲建立社会主义市场经济体制，如今把"建立"改为"完善"，则意味着改革的"体温"发生了变化。

最先体会到改革发展"体温"发生变化的，是农村。部分农村这年试行新型合作医疗制度。最初的办法，是农民每人每年拿 10 元，中央、市、区县各级财政分别拿 10 元、6 元、4 元，特困户和五保户个人缴费部分由区县财政补助，以此作为合作医疗基金。一个农民如果花 100 块钱看病，可以得到 40 元左右的补助。如果是住院动手术，补助会更高一些。

一个农村妇女意外当选中央电视台举办的"中国经济年度人物"，同时获得社会公益奖，似乎测试出市场秩序的变化"体温"。重庆市云阳县的熊德明，长年在家喂猪，10 月 24 日那天，她和其他村民遇见考察路过的国务院总理，当即替她丈夫讨要被拖欠的 2300 元工钱。六个小时后她便拿到了这笔钱。"一夜成名"让熊德明措手不及，一拨一拨来访的农民工，请她帮忙讨工钱。看来，拖欠农民工工钱的现象，到了非整治不可的地步。

2003 年，还有两件事情测试出中华民族的发展"体温"。

一是世界最大的水利枢纽三峡工程下闸蓄水，初步实现蓄水、通航、发电三大目标。"高峡出平湖"的百年梦想变为现实。

一是神舟五号航天飞船把中国第一位探索太空的航天员杨利伟送上太空，在经历环绕地球 14 圈的太空之旅后安全着陆。中国实现了载人航天梦想。人们从电视上看到杨利伟和家人通话的场景，他对妻子说："太空的景色非常美"；对儿子说："我看到咱们美丽的家了！"

2003 年 **10** 月 **16** 日 6 时 23 分，神舟五号载人飞船在内蒙古主着陆场成功着陆，我国首次载人航天飞行取得圆满成功。图为中国首位航天员杨利伟在返回舱舱口向人们挥手致意。

王建民 摄 新华社 供稿

2004 年
"矛盾凸显期"

　　20 年前，中国在南极建立了"长城"科学考察站，2004 年，又在北极建成"黄河"科学考察站。长城与黄河，是中华大地的一对地理坐标，对地球南北两极的考察，似乎是追求空间上的对立统一。从哲学上讲，从对立到统一，就是化解矛盾。

　　20 年前，有一个人从当乡邮员的老父亲手里接过马缰绳。此后，骑一匹马，走一条路，跋涉 26 万公里，相当于沿地球南北两极走了六个来回。他叫王顺友，是四川省凉山彝族自治州木里藏族自治县的"马班邮路"投递员。孤独是他的生活常态。在平均海拔 3100 米的雪域高原上，他走过了 21 趟两万五千里长征，没有延误过一个班期，没有丢失过一个邮件、一份报刊。他为大山深处的人们架起一座"绿色桥梁"，化解了山里和外面世界的空间矛盾。2004 年，他被评为"感动中国"的年度人物。

　　1 月，国家统计局确认，上年度中国国内生产总值（GDP）按可比价格计算，总量达到 1.4 万多亿美元，人均 GDP 突破 1000 美元。这标志着中国经济进入新的发展阶段。这个阶段既是"黄金发展期"，也是"矛盾凸显期"。很明显，过去那种高投入、高消耗的经济增长模式已经难以为继，城乡、区域、人群的差距和矛盾凸显出来。不断出现一些较大规模的群体性事件，表明社会的分化和利益的冲突在加速进行。直面到来的"矛盾凸显期"，中央提出"构建社会主义和谐社会"的历史任务。

重庆农村妇女熊德明去年讨要工钱的事情，在这年催生一场全国范围内的"清欠风暴"。仅第一季度，各级政府便帮助农民工追回被拖欠的工资79.1%。国务院还颁布实施《劳动保障监察条例》，规定用人单位逾期不支付工资的，最高罚双倍支付。与此同时，还刮起一场"审计风暴"。国家审计署审计长向全国人大常委会提交的审计工作报告，公开点名披露一些中央单位虚报、挪用预算资金的违规事例，引起社会强烈反响。促进各级政府部门改善预算资金运用的"风暴"出现了，政府问责和政务公开的改革，又突破一个关口。

为解决区域发展不平衡的矛盾，开始实施振兴东北地区等老工业基地的战略。这是继西部大开发后区域协调发展迈出的新步伐。沈阳市铁西区曾是国家机电工业的综合性装备基地，集中了30万产业工人。此前大批工人下岗，房子破烂不堪，环境污染严重。拥有37个大型企业的沈阳北二路，被老百姓叫做"亏损一条街"和"下岗一条街"。经过调整和改造，2004年，老铁西区已经有130多家大中型企业搬入新开发区，区政府有了更多的资金和空间进行旧城改造。

法治建设也直面"矛盾凸显期"。全国人大这年把"国家保护合法的私有财产""国家尊重和保障人权"写入《宪法》。同时，第一部《行政许可法》开始实施。对公共权力的有效监督和限制，不仅是法治建设，也是中国社会治理方式的一大进步。

仿佛是要验证法律如何实施，7月28日，宁夏银川市政府出台出租车经营权有偿使用的规定，出租车司机以停运的方式表示抗议。怎么办？银川市政府组成 23 个工作小组深入全市调查，于 8 月 2 日发布公告，明确表示新规定不再执行，市长发表电视讲话向市民道歉。这就开启了政府权力与人民群众良性互动，以化解矛盾的先例。

计算机生产经销商联想集团，这年收购了大名鼎鼎的美国 IBM 的全球 PC 业务。这桩标志性事件，反映出经济上对外开放的"矛盾转化"，意味着民营科技型企业在开放中将逐步从被动转为主动，更加活跃地在世界经济舞台上展现自己的容姿。

夏天的雅典奥运会上，一个叫刘翔的中国跨栏运动员，以 12 秒 91 的成绩，平了由英国名将科林·杰克逊保持的世界纪录，为中国在奥运会上夺得第一块男子田径赛金牌。

在"矛盾凸显期"前进的中国，还真有些像一场跨栏运动。

2005 年
成长的烦恼

1 月 6 日零点 2 分，中国大陆第 13 亿个公民在北京妇产医院出生。由于人户分离是普遍现象，流动人口和超生孩子难以核计，这虽然是个象征性的统计，却也从一个侧面反映出中国人口的快速成长。

十年前的中国大陆曾热播过一出美剧，叫《成长的烦恼》。一个快速成长的大国，遭遇的烦恼、面临的压力不言而喻。一些寻常思维就能看得见的烦恼和压力，实际上已经转化成社会难点。

中国社会科学院这年发布的《中国社会形势分析与预测》，提出农村基层财政薄弱影响农村公共服务能力，贫富差距仍在扩大，城乡差距短期内很难逆转等六个方面的社会难点。所谓社会难点，就是成长的烦恼。

成长的烦恼，与改革和发展同步"成长"和"升级"。人们实现了家庭轿车梦，但同时也带来道路拥堵；住房改革普遍缓解了 20 世纪八九十年代的住房紧张，但房价的迅速上涨又使不少家庭改善住房条件的愿望落空；所谓上学难，主要难在由于教育资源不均，人们想上名校、好校而不能；医疗机构的改革造就了"以药养医"的逐利局面，在人们对健康比任何时候都重视的今天，让普通老百姓比任何时候都觉得看病太贵，得个感冒，甚至都要花几百上千的费用；高校扩招使大学在校学生于 2005 年首次超过美国大学生在校人数，高等教育实现从精英教育到大众教育的转变，由此也带来就业难这一新的社会问题。

这时候，中国农村新的烦恼，是一家一户的农业耕作，影响了农业科技成果的推广，影响了农业的规模化经营、标准化管理和品牌化营销，传统生产方式已经不适应市场经济发展的需要。更要命的是，随着越来越多的农民进城务工，种"应付田"和"撂荒田"现象越来越严重，农民实行土地流转的愿望十分强烈。

成都远郊邛崃市羊安镇汤营村村民，自愿以土地承包经营权入股，村集体以通过土地整理新增的土地入股，邛崃市国有独资的兴农投资公司投入 100 万元，成立了"邛崃市汤营农业有限公司"。这样一来，土地由公司集中经营，农民可以获得入股保底收入、务工收入和分红收入。正是在这年，中央作出建设社会主义新农村的部署。看来，汤营村走在了前面。

湖南卫视在全国范围内发起的"超级女声"比赛，成为夏天最炎热的记忆。很多心怀音乐梦想的年轻人，看到了除 CCTV 青年歌手大奖赛之外的更多可能。成长时代的"选秀"活动，给许多人许诺了一个繁花似锦的未来。由于专业性的权威评判体系松动，选择"偶像"的标准开始多样。

与此同时，在网络世界，一个网名叫"木子美"的人，因为在博客中国网站上发表网络日记一炮走红，使"博客"成为网络热搜词。9 月，新浪发布博客（Biog）2.0 公测版，博客开始进入门户时代。随着新浪博客、搜狐博客、网易博客纷纷上线，中国的博客数量瞬间达到 1500 万，由此造就一批在互联网上写作的草根"大 V"。

"选秀"节目造出来的"偶像"，以及网络世界冒出来的"大 V"，仿佛给人一种印象，这是一个"人人都有机会成名15分钟"的时代。毫无疑问，它们给社会心态和相应的社会治理，带来不少烦恼。

中国的成长，也给一些外国人带来烦恼。有一个叫萨拉·邦焦尔尼的美国记者，在2004年的圣诞节忽然发现，家里39件圣诞礼物中，"中国制造"有25件。于是，她从2005年1月1日起，带领全家开始尝试一年不买中国产品的日子。谁承想，没有中国产品的这一年是糟糕的一年，全家人都盼着早点结束。到2006年1月1日，萨拉一家终于结束了实验，很高兴地与"中国制造"重修旧好。

在台湾，再度执政的民进党领导人，被称为"麻烦制造者"。为此，中国大陆于3月14日通过了《反分裂国家法》。随后，中共中央总书记胡锦涛与中国国民党主席连战的手握在了一起。国共两党领导人的上一次握手，发生在60年前抗战胜利后的重庆。今天的握手，是为解决"麻烦制造者"制造的麻烦，给两岸关系增添和平发展的愿景。

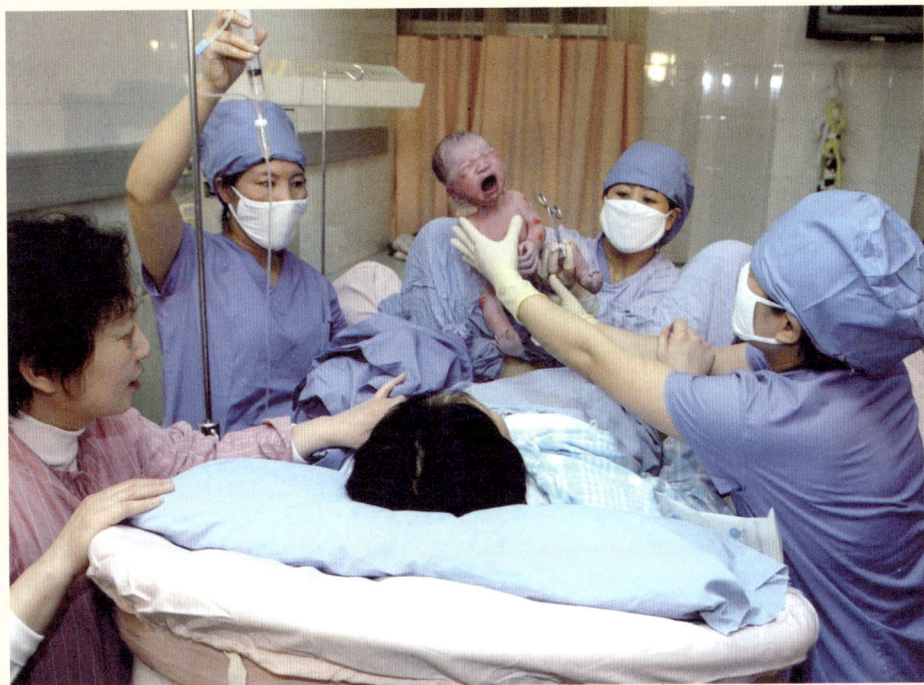

2005 年 1 月 6 日零时 02 分，一个体重 3660 克、身长 52 公分的男婴在北京妇产医院诞生，至此，中国人口已达 13 亿。

陈树根 摄 新华社 供稿

2006 年
为了和谐

这年中央电视台春节晚会最大亮点，是一家三口对答式演唱的《吉祥三宝》。有如天籁的纯净民歌，唱出父母对儿女的疼爱、父母儿女对家的眷恋、全家人对大自然的热爱。歌声带来一种久违的欣喜和感动，似乎也是对社会和谐的一种艺术呼唤。

促进社会和谐，自然要求经济和社会协调、平衡地发展。人们注意到，这年实施的《国民经济和社会发展"十一五"规划纲要》的标题中，曾经在中国叫了50年的"五年计划"，变成了"五年规划"。《纲要》中最主要的指标有22个，其中反映经济增长的只有6个，反映人口、资源、环境的8个，反映公共服务和人民生活的8个。"城镇基本养老保险覆盖人数""新型农村合作医疗覆盖人数"，这些原本似乎与经济无关的指标首次出现，"绿色GDP"这个概念也悄然引入这份《纲要》。

一切都在表明，一场促进社会和谐的行动，已经开始。

元旦那天，有两件事影响了两大人群的"民生"。

一件事，是实施《中华人民共和国公务员法》，过去称为"干部"的人，开始叫"公务员"了，他们的工作和生活从此纳入有序的法治轨道。

另一件事，影响就更大了。它给九亿农民带来民生和谐的惊喜：在全国范围内废除农业税。这是一个足以在几千年中国历史上刻下特殊标记的日子。从春秋时期鲁宣公创设"初税亩"开始，征收农业税在中国已经延续 2600 年。

听到这个消息，安徽全椒县邱塘村的种粮大户欧春华，算了一笔账。他承包了 400 多亩地，一下子便免去两万多元的负担，此外，每亩地还享受十元的粮食补贴和十多元的种子补贴，购置农机具还有 20% 的资金补贴。掌握铸鼎手艺的河北灵寿县清廉村农民王三妮，更是感慨万千。他亲手铸了一个"告别田赋鼎"，铭文是："我是农民的儿子，祖上几代耕织辈辈纳税。今朝告别了田赋，我要代表农民铸鼎刻铭，告知后人，万代歌颂永世不忘。"

倡建和谐文化，文化体制改革开始发力。中国木偶艺术剧院有限责任公司 9 月挂牌成立，这个过去享受事业单位待遇的艺术剧院，开始成为自负盈亏的法人主体，业务内容也从原来单一的木偶演出，发展成为拥有木偶演出和影视、动漫、图书、网络、食品、玩具经营的北京儿童文化创意产业园。与此同时，在云南古城丽江，一台展示民族风情的歌舞《丽水金沙》，吸引了无数游客的目光，成为文化产业一个响亮品牌。在经历"文化搭台，经济唱戏"尴尬处境后，一些地方的文化建设，开始从"鸡肋"变为"支柱"，要自己搭台、自己唱戏给老百姓听了。

为了和谐，中央首次明确西部开发、东北振兴、中部崛起、东部率先的区域协调发展总体战略。作为西部开发重要工程的青藏铁路，也在 7 月 1 日那天通车了。

人们曾说修建通往西藏的铁路是不可能的。有高达 5000 米的高山要跨越，有宽达 12 公里的山谷要架桥，有数百公里的冻土层需要解决支撑铁轨和火车的问题。再说，谁又能够在稍动一下就要找氧气瓶的情况下去铺设铁轨呢？但是，这一切，还就真的干成了。

唐朝的文成公主从长安出发前往拉萨时 18 岁，走到拉萨时已满 20 岁。这样的跋涉远去了。就像歌曲《天路》唱的那样："一条条巨龙翻山越岭，为雪域高原送来安康。那是一条神奇的天路，把人间的温暖送到边疆。从此山不再高，路不再漫长，各族儿女欢聚一堂。"这大概是从心底飘出的和谐之声。

一场强浮尘漫卷北方，北京一个月内连续七次遭遇沙尘袭击，4 月份只有 9 个蓝天。大自然这是怎么了？人们开始反思。寻求人与自然和谐相处之道，不能再拖了。为加大对损害环境的违法违纪行为的惩处力度，这年颁布实施了《环境保护违法违纪行为处分暂行规定》。这是中国第一部关于环境保护处分方面的专门规章。

青藏铁路通车那天，途经可可西里时，一位记者透过车窗发现，一群动物在离铁路不远处慵懒地漫步。为保护那里的藏羚羊迁徙，建设者专门设立了 33 处野生动物通道。看来，只要措施得力，人与自然和谐相处的愿景，是可以实现的。

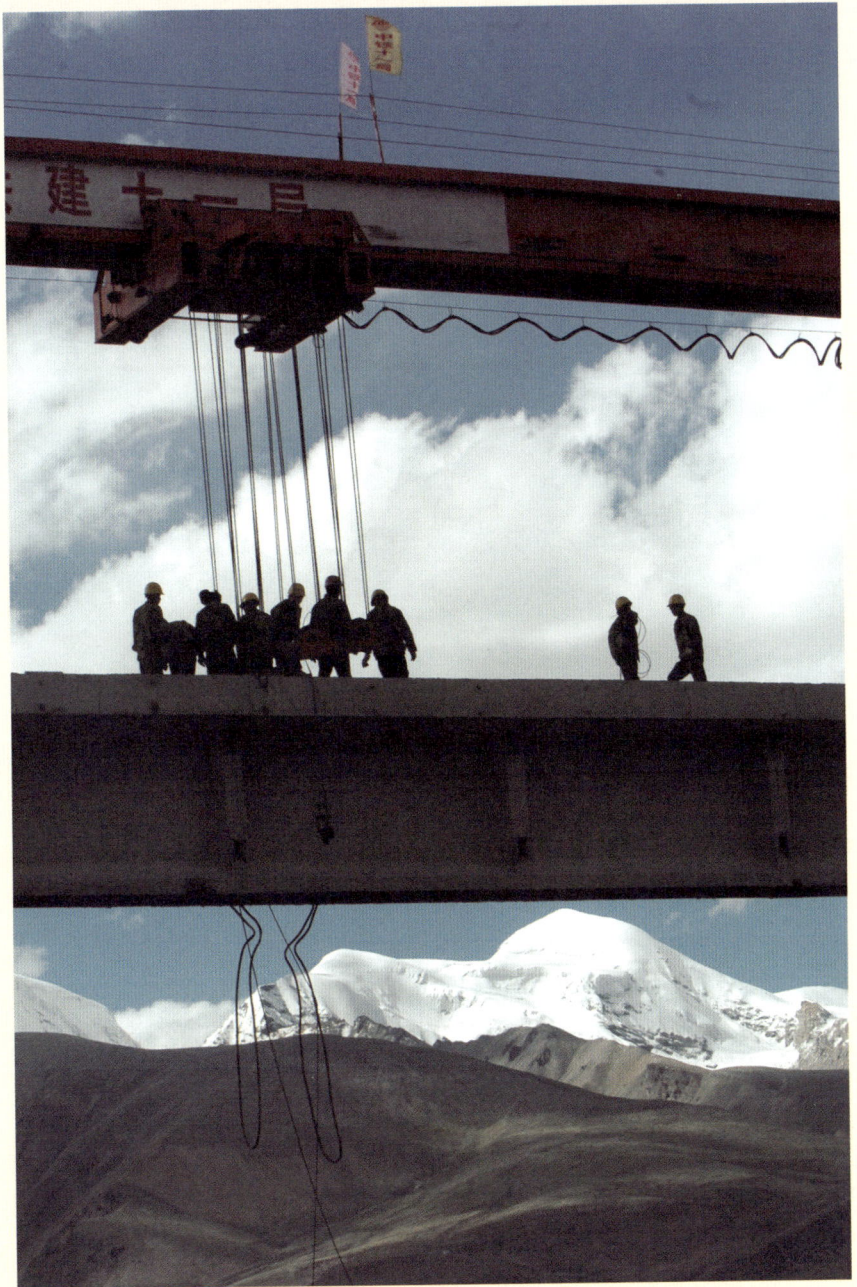

中铁十一局青藏铁路铺架队在架设西藏羊八岭大桥。 新华社 供稿

2007 年
民生曲

如果说这一年有一首主题歌，那它的名字或许可叫"民生曲"。中国人的民生关切，逐步聚焦在了学有所教、劳有所得、病有所医、老有所养、住有所居。要实现起来，件件都不容易。不容易也得开始干，也得把民生曲唱好。

对农村的中小学生家庭来说，这年最大的民生福利，是全部免除义务教育阶段的学杂费，寄宿制学校的学生还有生活补贴。西部地区是从去年开始享受这项福利的。继"种粮不交税"后，农村又实现义务教育阶段"上学不交费"的梦想。一年后，不光是农村，城市也这样做了。

与此同时，中央提出本年度在全国建立农村最低生活保障制度，将符合条件的贫困人口全部纳入保障范围。从此，农民也和城里人一样，开始享受国家提供的最低生活保障费。当然，那时的标准并不高。对于城市低收入家庭的住房困难，解决的办法是，建立健全廉租住房制度，加大棚户区和旧住宅区的改造力度。

新中国立法史上审议次数最多的《物权法》，这年获得通过，由此确立平等保护国有、集体和私人财产的法律原则。这部法律立法时间长达 14 个春秋，草案曾进行 7 次审议，创下新中国立法史上的纪录。两年前已经三审的《物权法（草案）》全文公布，广泛征求意见。42 天内，立法机关就收到来自各方建议 11543 条，可见人们对这部法律的参与热情。因为它与每个人的脚下寸土、头顶片瓦都有着切身利益关系，实属另一种形式的民生需求。

文化享受又何尝不是一种民生需求呢？拥有曾侯乙编钟、越王勾践剑、郧县人头盖骨等珍贵文物的湖北省博物馆，从这年起永久免费开放。头一天，博物馆门口排起将近一公里的长队，近一万人参观，被媒体称为"爆棚"现象，还由此引发博物馆到底该不该免费开放的社会热议。一年后，全国有 1000 多座公共博物馆、纪念馆以及图书馆、文化馆，陆续向社会免费开放。发展公益性文化事业，扩大公众文化权益，看来是势不可挡。

受到老百姓欢迎的公共文化民生工程，推进速度异常可观。广播电视村村通、社区和乡镇综合文化站、农村电影放映、农家书屋建设……覆盖全社会的公共文化服务网络逐步构建起来。人们看电视、听广播、读书看报、参加大众文化活动等基本文化权益，开始普及。

在人们的眼里，中国军人突然变得更加帅气和威武了。他们在 8 月 1 日那天换上了崭新的 07 式军服。这是人民军队历史上最大规模的换装，也是最全面的一次军服改革。军服改革不仅提升了军人的形象，也强化了军队的气质和质量。这年，中国还第一次派出较大规模的陆空军部队到境外参加上海合作组织的多国联合军演，代号是"和平使命 -2007"。

的确，只有强化有质量的发展，才能真正唱好民生曲。这年召开的中共十七大，在发展问题上有两个提法与过去不同。一是对经济发展的要求从"又快又好"改为"又好又快"，一是把"转变经济增长方式"改为

"转变经济发展方式"。立足"好"字当头，避免只重数字增长的全面发展，会给唱好民生曲带来更多底气。

中共十七大闭幕两天后，10月24日，中国首颗探月卫星"嫦娥一号"成功发射，随后传回来月球地表图片。这是继人造地球卫星、载人航天工程之后中国航天事业发展的又一座里程碑。

如果说，可上九天揽月的"嫦娥一号"，是在追逐一段远古开启的梦想，那么，一个月后，在广东珠江口外海底沉睡800多年的南宋时期商船"南海一号"，浮出水面，则是打捞出一段非同寻常的历史。它是唯一能见证古代海上丝绸之路模样的远洋贸易商船，船舱内保存有6万至8万件的文物。南宋时期人们的生活模样，重现眼前。

2008 年
"成人礼"

在人们的记忆中，2008 年是从南方突如其来的低温雨雪冰冻灾害开始的。它肆虐的时间，正是"全民大迁徙"的春节前夕；它席卷的地域，偏偏是以往习惯温煦冬阳的南方；它的危害程度，为 50 年来所未遇，波及上亿人口。仅湖南境内的京珠高速公路就滞留上万辆车，绵延数十公里。京广线停运，18 万旅客滞留在广州火车站。南方多地电力中断，光明一下子成了奢侈品。人们突然发现，现代化如此脆弱，似乎一场大冰雪就能改变生活方式。不少人家，入夜只能点着蜡烛，烤火取暖，从收音机里了解外界的情况。

祸不单行。一场让历史凝固、让苍生呜咽的灾难，在 5 月 12 日降临。四川省汶川县发生特大地震，方圆十万平方公里区域内，相当于数百颗原子弹的能量瞬间释放，造成 69227 名同胞遇难，17923 名同胞失踪。这是新中国成立以来波及范围最广、救灾难度最大的一次地震。

震波撼动了中国。同时撼动中国乃至世界的，还有中国人的精神和力量。地震发生不到十小时，一场和时间赛跑的生死大营救开始轰轰烈烈上演。一队队解放军、武警和公安消防官兵，一群群专业救援队和志愿者，一支支医疗队，一车车救援物资，一家家新闻媒体，从四面八方向灾区汇集。美国《华盛顿邮报》在题为"悲剧中，一种新的团结"的文章中说："中国民众对政府的快速反应感到由衷自豪，其协调行动能力远远超过了人们对一个发展中国家的预期。中国人民表现出来的团结和自信表明：中国已不需要向世界证明自己。"

不需要向世界证明，是因为中国人在灾难面前已经证明了自己。经受生死考验的灾区人们，是这样证明自己的：一个叫谭千秋的中学教师在地震发生的刹那间，张开双臂护住了4个学生，当人们从坍塌的教室中把他挖出来的时候，他的双臂还张着，手臂上伤痕累累，后脑被砸得凹了下去；一个叫高莹的初三女生，在废墟下轻声唱歌给同学们听，鼓励大家坚持下去；当余震再次发生的时候，人们拉住一位要再次冲进废墟的战士，他却跪下来哭着说："让我再去救一个！我还能再救一个！"一个叫吴家方的男子，给已经死去的妻子披上生前最喜欢的衣服，紧紧绑在自己身上，用摩托车带着妻子回家。这一幕被拍了下来，照片的标题是"给妻子最后的尊严"。

地震后不到十天，汶川映秀镇的一位农民便在废墟边上的地里干活了。他说：今天已经是小满了，田里还没有插秧。日子还得过下去嘛。

小满过后是芒种，芒种过后是夏至、小暑、大暑、立秋……立秋的第二天，2008年8月8日，中国因为举办奥运会，再次成为整个世界的关注焦点。

1908年，教育家张伯苓先生提出三个问题：什么时候，中国能派运动员去参加奥运会？什么时候，中国能拿到第一块奥运会奖牌？什么时候，中国能在本土举办一次奥运会？回答第一个问题，中国用了24年；回答第二个问题，中国用了76年；回答第三个问题，中国用了整整100年。

这届奥运会的主题是"同一个世界，同一个梦想"。给人留下深刻印象的，不光是中国代表团位居金牌榜首位，还有开幕式上从全球征集的 2008 张孩子的笑脸。

北京给这届奥运会的定位是"绿色奥运，科技奥运，人文奥运"。北京奥运会主场馆被人们形象地叫做"鸟巢"。这个使用 11 万吨钢材打造的摇篮状建筑，是一系列高新技术的集中展示。为实现绿色奥运，中国打造了三道生态屏障：在内蒙古沙化草原区固定流沙；在河北坝上、山西雁北等地营造防护林；在北京城郊建设纵横交错的绿化网。人文奥运，则集中体现于志愿者们的精神风貌。有十万中外志愿者直接在奥运赛场上服务，有 40 万北京志愿者在二线提供信息咨询、语言翻译、应急救助，还有 100 万社会志愿者在北京城内外协助维护秩序和治安。年龄最大的志愿者是住在北京天坛西草市街 138 号的付漪泉老人，103 岁；年龄最小的是来自温州的小姑娘唐乐琳，刚刚 4 周岁。志愿者们的奉献，培育着生动和文明的中国。

在改革开放 30 年的时候，猝然而临的汶川地震和期盼已久的北京奥运，恰似中国两场盛大的"成人礼"仪式，见证中国在现代化的进程中走向成熟，确实"长大了"。

伴随着"成人礼"，中国这年还有许多强壮"发育"的故事。台湾海峡两岸的海上直航、空中直航、直接通邮的"三通"基本实现。在北京和天津之间开通运营的中国第一条最高时速 350 公里的高速铁路列车，使人们来往两地只需要 30 分钟。神舟七号飞船升空，中国的航天员首次太空漫步，并在太空中展示出五星红旗。

伴随着中国的"成人礼"，世界经济出现巨变。9 月 15 日，美国第四大投资银行雷曼兄弟公司申请破产，迅速引发世界性的金融危机。中国股市经历"至暗时刻"，A 股从上年 10 月份的 6124 点一直跌到 1664 点，成为开市以来最为严重的股灾。危机从金融领域扩散到实体经济领域，各国政府纷纷推出各项措施，挽救华尔街金融家们犯下的错误。中国怎么办？看来，"成人礼"还将继续。

危机下最为焦虑的是西方国家。11 月 14 日，在美英法三国的催促下，包括中国在内的全球 20 个国家在华盛顿召开了第一次 G20 峰会。由于筹备过于匆忙，这次会议几乎没有提出什么解救危机的具体措施，甚至有人说，G20 峰会唯一新颖的地方，是"二十国取代了七国"。的确，20 国代表着全球三分之二的人口，GDP 总值占全球的 85%。此后每年一次的峰会，既是论坛，也是重要的政治舞台。中国在这个舞台上的作用，越来越大。

2008 年 5 月 12 日，四川省北川县城的建筑物在汶川大地震中几乎全被震毁。图为 6 月 3 日的北川县城。

顾保孜 摄

2008 年 8 月 8 日，北京奥运会开幕式。

刘占坤　摄　中国青年报社　供稿

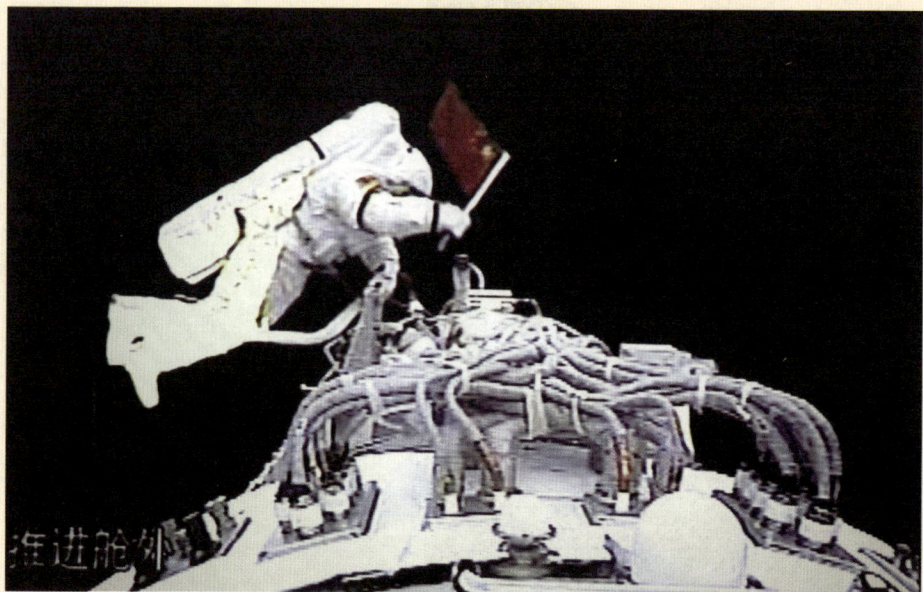

2008 年 9 月 27 日，执行神舟七号载人航天飞行出舱活动任务的航天员翟志刚出舱后挥动中国国旗（摄于北京航天飞行控制中心大屏幕）。

查春明　摄　新华社　供稿

2009 年
"中国模式"

1月6日，经过十天十夜的航行，中国海军舰艇编队满载 800 名官兵，到达亚丁湾索马里海域，正式展开护航行动。这是新中国海军第一次远赴海外执行国际护航任务。中国为世界提供公共服务产品的步伐加快了。

这年爆红的电视剧《潜伏》，至今仍是中国谍战题材剧无法超越的高峰。全剧的灵魂是信仰，结尾处男主人公受地下党派遣去了台湾，女主人公回到解放区产下了他们的孩子。这时候，广播里传来中华人民共和国成立的消息。

新中国成立 60 周年了。60 年来，中国走了一条什么样的路，这条路把中国引到了什么位置？美国巴顿学院教授伊恩·布鲁玛写的《"中国模式"年》一文称："当美国经济被进一步拖进房地产坏账的泥潭时，中国将会继续保持繁荣。由世界最著名的建筑师设计的令人振奋的新建筑将使北京和上海看上去就像 21 世纪现代化的模型。更多的中国人将会出现在每年一度的世界富豪榜中。"

"中国模式"成为国际智库的一门"显学"。所谓"中国模式"，事实上就是中国的发展道路，就是中国特色社会主义道路。

这年发生的事，仿佛都在为"中国模式"作些注释。

中国成为名副其实的第一制造业大国。有的工业领域的制造水平和西方发达国家当然还有差距，但却是全世界唯一拥有联合国产业分类全部工业门类的国家。

在中国兴起的不只是工业制造，还有许多新型业态。历经十年筹备的创业板市场，在深圳正式启动。从此，成立时间较短、规模不算大、业绩未必突出，却有成长空间的科技文化类企业，拥有了融资渠道，也拥有了更大的发展空间。到年底，创业板上市公司达到 36 家。

国家最具活力的年轻一代，已经是伴随着改革开放成长起来的 80 后了。他们在电视"辐射"下长大，从 18 英寸看到 42 英寸，从显像管看到液晶显示，从两个台看到 60 个台。他们小时候所有的奖励与惩罚都直接与看电视挂钩。想看电视吗？先把作业做完！先去练琴！必须把饭吃完！这代"电视儿童"在这 2009 年最小的也已经 20 岁了。

"电视儿童"现在变成了"网络青年"。8 月 28 日，新浪网提供的微型博客网站正式对外公测，想不到仅 66 天，用户就突破 100 万，一年后达到 5000 万。与动辄千字长篇的博客文章相比，起初只有 140 个字限制的微博，降低了用户使用的门槛，加速了信息流动。80 后作家韩寒此后在微博上发出一个"喂"字，便引来 5500 次转发和 11000 次评论。业界知道，超过博客的产品出现了；社会也知道，一个自媒体时代到来了。

互联网领域还创造了一个狂欢购物节。11 月 11 日，淘宝商城（天猫）举办了一次网络促销活动，营业额远超预期。从此，"双十一"成为整个电子商务的年度盛事，成为网民购物的狂欢节日。根据阿里巴巴 2017 年"双十一"统计，一天之内的成交额达到 1682 亿元，全球有 225 个国家和地区加入了这个购物节。

说起购物，中国人在外国旅游或出差时的消费盛况，开始引起媒体关注。一方面是手里确实有钱了，对生活品质的要求提高了，消费内容和渠道拓展了；另一方面是在名牌商店酣畅淋漓、豪情万丈地刷卡花钱，让人目瞪口呆，在公共场所声音洪亮，无所顾忌，或蹲或站，仿佛在自家后院，也让人觉得有些怪异。

这年对"中国模式"最生动的注脚，发生在民生领域。新一轮医改正式启动，未来三年将投入 8500 亿元，重点用于支持基本医疗保障制度建设，为的是人人享有基本医疗卫生服务，努力解决"看病难、看病贵"问题。

2010年
让世界博览

中国这年的年度盛事，是 5 月到 10 月在上海举办的世界博览会。这是第一次在发展中国家举办的注册类世界博览会，主题是"城市让生活更美好"。

1851 年在英国伦敦举办的第一届世博会上，中国的丝绸、漆器、扇子、茶叶挤在许多体现第一次工业革命成就的产品之间，虽然精致却很落寞。此后 150 多年间，人类几乎所有精彩的发明，如收割机、电影、彩色胶卷、汽车装配线、电视机、计算机、机器人等，都要抢先在世博会露面。世博会由此被人们誉为"经济、科技、文化的奥林匹克"。

上海世博会有 246 个国家和国际组织参展，参观人数达 7308 万人次，成为历史上最大规模的一届世界博览会。在独具一格的中国馆内，人头攒动，拥挤不堪。中国尽情地把自己的精彩呈现给世界，让人博览。

让世界博览的事情，不光发生在上海。

中国制造电冰箱的企业海尔集团，这年推出全球首台风冷无霜冰箱，在行业跟进之中很快成为市场主流。此前，海尔曾发明第一台超无氟节能冰箱，开启无氟冰箱时代；此后，海尔又发明干湿分储和世界首台互联网冰箱，引得其他品牌纷纷模仿。海尔集团频频创新，撬动着冰箱产业百年变革创新的历史。如今，海尔冰箱已经在全球拥有近 30 座工厂，多年成为全球冰箱销售市场的冠军。

中国进入高铁时代。这年全线贯通的京沪高铁，是世界上一次建成线路里程最长、标准最高的高铁；国产"和谐号"新一代高速动车组最高运行时速可达 486.1 公里，创世界铁路运营试验最高速度。中国已成为世界上高铁发展最快、运营里程最长、运营时速最高、在建规模最大、拥有系统技术最全的国家。

第 36 届全球超级计算机 500 强排行榜发布，由国防科学技术大学研制的"天河一号"超级计算机二期系统，以实测运算速度每秒 2566 万亿次位居榜首，成为世界上运算速度最快的超级计算机。

最有象征意义的事情，是中国的名义 GDP 总量在 2010 年超过日本，成为世界第二大经济体。世界经济格局发生深刻变化，以中国等新兴经济体为代表的发展中国家地位持续上升，对世界经济增长的贡献越来越突出。当然，中国清醒地意识到，按人均 GDP 衡量，中国仍处于发展中国家行列。

继推出《关于鼓励支持和引导个体私营等非公有制经济发展的若干意见》（简称"非公经济三十六条"）之后，这年又制定了《关于鼓励和引导民间投资健康发展的若干意见》（简称"民间投资三十六条"）。两个"三十六条"，体现了对非公有制经济发展的特别关注，也让人们有机会回望民营企业家们的成长过程。

他们是在市场经济中勇于创新、直面资源稀缺、敢于承担经济风险的一群人。他们在 1980 年代获得"第一桶金"的时候，可能只有几万元，几十万元。1990 年代或者有了几百万、几千万的资产。如今拥有几个亿、几十个亿甚至几百个亿的，已不在少数。财富积累的背后，是政策的鼓励，企业家精神的培育，和各个维度市场秩序的支撑。

人们发现，富起来的阶层中，越来越多的人开始投资移民，把家安在了国外，他们有的把企业交给别人在国内打理，有的是两头跑，身上有点麻烦的，索性就不回来了。这样一来，在一些国家，形成了一些中国富人扎堆居住的区域。

还有一件大事，其精彩仍可呈现给世界博览。全国人大这年通过修改后的选举法，决定实行城乡按相同人口比例选举人大代表。这一规定被形象地称为"同票同权"。"同票同权"有利于更好地保证城乡人民享有平等的选举权，是中国民主政治建设了不起的进步。

2010 年 4 月 30 日，中国 2010 年上海世博会开幕。 刘占坤 摄 中国青年报社 供稿

2010 年 11 月 15 日，京沪高速铁路全线贯通。图为一辆动车驶过上海虹桥站。　新华社　供稿

2011 年
系好"安全带"

联合国人口基金的报告显示，世界人口总数在 10 月 31 日达到 70 亿。与此同时，中国公布第六次人口普查主要数据，全国总人口为 1370536875 人，其中大陆人口达 1339724852 人。

这样大的世界，这样大的国家，和 2011 年相遇的时候，难免要出些事情。发端于 2008 年的世界金融危机在这年持续蔓延。始于希腊的欧洲主权债务危机发酵，导致欧元区经济形势恶化，爱尔兰、葡萄牙、希腊、意大利、西班牙政府相继更迭。在美国的纽约，还出现了"占领华尔街"示威活动。这似乎也在提醒中国，失去经济发展的"安全带"，注定会引出许多社会问题。

奇怪的是，1 月间一名突尼斯年轻男子的自焚，点燃了被西方称为"阿拉伯之春"的乱象之火。这场大火波及利比亚的时候，中国政府分批组织中国在利比亚人员（含港澳台同胞）35860 人有序撤离。这场新中国成立以来最大规模的有组织撤离海外中国公民的行动，预示着政府开始拥有给在海外发展的人们系"安全带"的能力了。

中国当然也有不如意的地方。一位年轻女子在新浪微博上，以"中国红十字会商业总经理"的虚假身份炫富，引来全社会围观和猜疑，极大地损害了中国红十字会的声誉。7 月 23 日，两列高速行驶的动车在浙江省温州市境内发生严重追尾事故，造成 40 人遇难，172 人受伤，引起舆论哗然。两个事件，都出现了公关危机，似乎在提醒人们，在经济腾飞和社会进步的时候，别忘了系好人心和社会治理的"安全带"。

"安全带"在哪里？

八年前开始试点的农村新型合作医疗制度，在这年已经普及，97% 的农民参加了新农合，实际人均筹资水平由最初的 30 元增加到 300 元左右，其中各级政府财政补助达到 240 元。中国职工医保、居民医保、新农合参保人数超过 13 亿，覆盖面达 95%。这标志着 2009 年至 2011 年以基层为重点的新医改工作，实现了阶段性目标，惠及全民的医疗保障网基本建成，被国际社会誉为"世界奇迹"。

最重要的"安全带"是制度。中国这年宣布，中国特色社会主义法律体系基本形成，已制定现行宪法和有效法律 240 部、行政法规 706 部、地方性法规 8600 多部，大体解决了有法可依的问题。各部门按规矩办事，90 多家中央单位，这年首次依法公布 2010 年"三公"经费支出决算和 2011 年预算情况，为的是接受社会监督。

文化建设何尝不是一种"安全带"呢？中国这年明确提出坚持中国特色社会主义文化发展道路，培养文化自觉和文化自信，努力建设文化强国。尝试把传统和现代融为一体，把原生态乡土歌舞和民族舞蹈经典进行整合的《云南映象》，吸引了游客惊叹的目光。文化产业在北京、上海、浙江、广东等省市的增加值，最高达到生产总值的 8%，成为名副其实的支柱产业。

系好"安全带"，不是要捆住社会的手脚，为的是更有效地保障和激发社会创新活力。这年被称为中国的"云计算元年"。国家下达对五个试点城市云计算应用示范工程的扶持资金，总规模达到 15 亿元。包括阿里巴巴、百度、腾讯等在内的十多家企业获得扶持资金。随着云计算登陆智能终端，不少云计算案例在中国落地生根。

创新的步伐越来越快。"微博"刚出现两年，腾讯公司就推出一种为智能终端提供即时通信服务的免费应用程序，起名为"微信"，一年后用户便突破一亿大关。随着微信支付的广泛运用，它在相当程度上改变了社会交易和生活方式。如今的人们相聚，相互不熟悉的常常会来上一句，"咱们扫一扫微信吧"。这一扫，便扫出个又新又大的交往空间。

神舟八号这年与此前发射的天宫一号成功交会对接。中国成为继美、俄之后世界上第三个完全独立掌握太空交会对接技术的国家。这样的"对接"，似乎也是"安全带"和"创新活力"之间的对接。

2012 年
"正能量"

随着英国心理学家理查德·怀斯曼写的《正能量》中译本出版，"正能量"一词忽如一夜春风来，迅速流行，被评为 2012 年十大网络流行语之首。

这本书将人体比作一个能量场，通过激发内在潜能，可以使人表现出一个新的自我，更加自信和充满活力。从此，人们习惯将所有积极的、健康的、催人奋进的、给人力量的、充满希望的人和事，说成是正能量。

有正能量就有负能量。

这年最典型的负能量，是谣传 12 月 21 日将成为玛雅人预言的所谓"世界末日"。有人到处说将出现行星撞地球、地磁倒转，借以敛财；有人抱着调侃心态，消费"世界末日"的滑稽奇谈，催生出谣言、迷信与流行文化掺杂传播的独特现象。当 12 月 22 日的太阳再次照亮地球，困扰散去，人们自然走出对玛雅历法的错读误区，迎来正能量的回归。

掺杂着正能量和负能量的流行语，这年也"盛产"不少。人们突然喜欢用"高富帅"和"白富美"来比喻择偶方面具有优势的男女青年，既有出于对理想生活的向往，也有对平凡现实的自我解嘲。有网友还提出"中国式过马路"，意思是"凑够一拨人就可以走了，和红绿灯无关"，由此引出许多以戏谑口吻议论中国社会问题的流行语，比如"中国式接送孩子""中国式相亲""中国式插队"，于戏谑中表达自嘲与质疑。

老百姓对衣食住行的追求，大体应算是一种正能量。一部反映中华美食传统的纪录片《舌尖上的中国》，带给不少人异样欣喜。片中展示的各地美食生态，食材选择搭配，烹调加工艺术，乃至炊具的配备使用，看得观众"垂涎三尺"，无意中带火不少地方特色鲜明的"吃"的产业，并美其名曰"美食文化"。中华美食也确实蕴含着耐人寻味的风俗仪式和伦理文化，属于正能量。

中国社会确实需要正能量。

经历这么多年的改革发展，人们分享改革发展成果的愿望越来越强烈，利益格局的多样化和分化趋势明显，不同的社会阶层和利益群体形成了不同的价值观念和利益诉求。凝聚改革共识，统筹兼顾各方利益，比过去更难了。社会上一些群体特别是被称为中产阶层的人，也有了明显焦虑。

这年最大的正能量，是11月召开的中共十八大。大会把科学发展观作为党必须长期坚持的指导思想和行动指南写入党章，习近平当选为中共中央总书记和中央军委主席，来年3月当选国家主席。党的领导层顺利实现交接。观众通过电视直播，看见习近平同中外记者见面时说道："人民对美好生活的向往，就是我们的奋斗目标。"这个宣示，传达出最大的社会正能量，人们感到最为可心。

正能量来自好的社会政策。从三年前开始，中国先后启动新型农村社会养老保险和城镇居民社会养老保险试点，到2012年10月，城乡居民社会养老保险参保人数达4.59亿，其中1.25亿城乡老年居民领取养老金。国家还决定在全国所有县级行政区实行城乡居民的养老保险，以期从制度上保证"老有所养"全覆盖。

正能量来自科技领域"上天入地下海"的突破性成就。

人们说，地球有四个"极地"。除了大家熟知的南极和北极，还有地球之"巅"的珠穆朗玛峰和地球之"谷"神秘的大洋海沟。人类足迹还很少到达地球之谷。中国的"蛟龙"号载人潜水器，这年在太平洋马里亚纳海沟区域进行下潜试验，创下 7062 米中国载人深潜新纪录。

地球之外，更有无限的"极地"。神舟九号在距地球 343 公里的太空，与天宫一号完成首次手控交会对接，"拥抱"在了一起。三位航天员依次"飞"进"天宫"，其中包括中国第一个进入太空的女航天员刘洋。

老百姓这年最津津乐道的，要算是中国第一艘航空母舰"辽宁舰"正式交付海军这件事了。在航空母舰问世将近百年之际，中国在 2012 年终于拥有了体现海上力量的"巨无霸"。

好戏还没有完。中国自主建设、独立运行的北斗卫星二号系统的 14 颗卫星，完成发射组网，开始为亚太地区用户提供服务。这是继美国、欧洲、俄罗斯之后第四个卫星导航系统。可别小看了这项成就，此前，人们大多只能使用美国的 GPS 导航系统，中国人如今有了新的选择。事实上，在 2008 年汶川地震时，震区通讯中断，最早进入的救援队，就是靠还没有区域组网的北斗卫星提供信号保持联络的。这以后，不少车载导航仪，自动播种收割的拖拉机，防止老人小孩走失的带定位功能的鞋子，定位摄影的小型飞行器等，靠的都是北斗卫星那看不见的电波指引。

有三件将最大限度激发全社会正能量的大事，成为 2012 年就要结束时甩出的精彩"豹尾"。

一是提出"实现中华民族伟大复兴中国梦"。犹如一石激起千层浪，引起社会广泛热议和真切回应。这句话传递了共识、凝聚了人心，让整个社会知所趋赴，充满信心地去创造未来。

一是明确"改革开放是决定当代中国命运的关键一招"，"改革开放只有进行时，没有完成时"。在 30 多年的改革进入攻坚区和深水区的时候，这样的宣示，意味着新一轮改革即将再出发。

一是制定出了"八项规定"。要求改进调查研究；精简会议活动，切实改进会风；精简文件简报，切实改进文风；规范出访活动；改进警卫工作；改进新闻报道；严格文稿发表；厉行勤俭节约，严格遵守廉洁从政有关规定等。每项规定，都很实在具体，都从中央做起。接下来，就像人们亲身体验到的那样，"八项规定"层层细化，层层落实，几乎成为所有领导干部改进工作作风、密切联系群众的"代名词"。

12 月，经过网民推荐、专家评审、网络票选，"梦"被评为年度国内第一字。有人说，一个国家处于上升期的标志之一，是这个国家开始打造她的追"梦"能力，它的国民开始自信地谈论和确定自己的梦想。这样的情境，何尝不是一种持久发力的正能量呢？

"中国梦"的能量在当下，也在未来；在明处，也在人心。

2012 年 9 月 25 日，我国第一艘航空母舰正式交付海军。图为 2012 年 5 月，中国海军航母平台正在进行试航。

李 唐 摄 新华社 供稿

2013年
方向感

中国这年发出建设"丝绸之路经济带"和"21世纪海上丝绸之路"的合作倡议，引发不少国家积极回应。这是第一次由发展中国家发起的、跨地区的大型国际发展倡议。它不是一个大型援助计划，而是共商共建共享、互利共赢的合作项目集群。

有人说，"一带一路"昭示了"一种新型的经济全球化方向"。

的确，中国的2013年，是让人们拥有明确方向感的一年。

新年伊始，扑面而来有关反腐倡廉的新提法，让老百姓耳目一新。"'老虎'、'苍蝇'一起打""把权力关进制度的笼子""打铁还要自身硬"，句句都掷地有声。中央提出要形成不敢腐、不能腐、不易腐的体制机制，更是昭示了扼制腐败蔓延的新方向。

为了朝新方向迈进，执政党的作风转变，动了真格。年前制定的"八项规定"，全面落地执行；以整治"四风"（形式主义、官僚主义、享乐主义、奢靡之风）为主要内容的群众路线教育实践活动，分批开展起来，俗称是让领导干部"照镜子、正衣冠、洗洗澡、治治病"；国务院向社会公开承诺"约法三章"，本届任期内，政府性的楼堂馆所一律不得新建，财政供养人员只减不增，"三公"经费只减不增。

以上，还只是宏观氛围。

落实加强党的建设的新思路、新方向，没有停留在常规性的一般做法上面，而是实实在在地从细小处做起来了。

一段时间以来，车轮上的铺张，舌尖上的浪费，会所中的歪风，公款旅游，名目繁多的变相"福利"，透支了人民群众对党和政府的信任。这些过去被认为是法不责众、司空见惯的寻常事，如今都不行了。

这年，四川省凉山州一名领导干部带领 15 个人的工作组下乡，开了十台越野车，加上县里陪同的车辆，在崎岖的山路上，形成一支绵延一二里路的车队。晚上本来安排的是工作餐，却因为前来看望的同乡同学和亲友越来越多，变成了 60 人参加的大宴席，花了 15000 多元。中共四川省纪委对这起大吃大喝案件进行了严肃处理。

凉山州还制定了"十条规定"，其中一条很特别，就三个字："不杀牛。"原来，当地老百姓有一个风俗，婚丧嫁娶、招待尊贵客人都要杀牛。这个风俗后来有些变味儿，书记下乡要杀牛，县长下乡也要杀牛，成为公务接待的"标配"。新规定一出，无论大事小事都要杀牛宰羊显排场的风气基本上不见了。

还有，领导干部违规兼职特别是在企业兼职；收取享用别人赠送的各类会员卡；把家庭成员送到国外定居，自己在国内当"裸官"；出差时被安排到风景名胜观光一番，或顺带收点地方的土特产；逢年过节机关单位出钱买些购物卡或月饼之类的礼品送人……凡此等等，都要受到处分。若有人于灯红酒绿处大吃大喝，被拍下场景或账单，随手发到网上，一经查明真是公款消费，吃喝者便不好受了。靠公款接待夜夜爆满的场所也风光不再。

日子不好过的，还有一些多年奈何不得的"老赖"。从 10 月开始，那些经法院判决的被执行人，若拒不履行判决，或有能力偿还债约而拒绝偿还义务的，一经纳入失信人名单，便失去了高消费的机会，坐飞机或高铁都会因为失信这项帽子而被拒绝。

在山东阳谷县，一个败诉人拒不还债，法院查封了他正在使用的尾号为"99999"的手机号，公开拍卖了 48.3 万元用以还款。建立全国联网的社会信用信息记录，健全对失信者的监督曝光和惩罚机制，打造诚信社会，成为公民道德建设的新方向。

这年召开的中共十八届三中全会，更是厘定全面深化改革方向的重大事件。给人们印象最深的，是提出要使市场在配置资源中起决定性作用和更好发挥政府作用，特别是明确了改革的总目标，是完善和发展中国特色社会主义制度，推进国家治理体系和治理能力现代化。这两点都是带方向性的。

如果说 30 多年前启动的改革是皆大欢喜的普惠式改革，那么，2013 年启动的新一轮改革，一个重点就是打破利益固化的藩篱，调整利益分化的格局。要实现改革的总目标，零打碎敲调整和碎片化修补不行了，某个领域、某个方面的单向突进也不行了。于是，中央提出经济、政治、文化、社会、生态文明、国防军队、党的建设各个方面 60 项改革任务，同时还推出 330 多项具体的改革举措。

比如，首创设立的上海自由贸易试验区，开始实行负面清单管理模式，将清单以外的投资项目由核准制改为备案制。这样一来，外商投资的空间大大增加了。中国还提出以人为核心的新型城镇化规划，让城市融入大自然，让居民望得见山，看得见水，记得住乡愁，成为城镇建设的新方向。

　　科技领域一些突破性进展，也昭示出让人欣喜的发展方向。中国自主研制的第一种大型运输机运 –20 这年首次试飞成功，三年后即正式列装。

　　"嫦娥三号"首次软着陆于月球虹湾区域，和巡视器"玉兔"互拍成像。这是继 1976 年苏联"月球 24 号"之后第一个在月球软着陆的人类探测器。曾经搭乘"阿波罗"飞船，在月球上留下人类第一个脚印的美国宇航员阿姆斯特朗，1988 年访问中国时说："人类最早梦想登月的是谁？是一位美丽的中国姑娘。人类最先登上月球的是谁？是一个美国人。"如今，中国自己的"嫦娥""回到"月球踩上脚印的日子，不会太远了。

　　神舟十号载人飞船搭载三名宇航员在太空与天宫一号成功实现自动和手动对接。宇航员们首次开设了"太空—地面"课堂，并和地面实时互动。电视观众们仿佛身临其境，了解到各种物体在失重状态下会发生什么改变，感受到宇宙的神奇魅力。

　　神舟十号还带回遨游太空 15 天的各类农作物种子，被人们播种下地。新的希望在孕育，新的收获在招手，新的梦想在放飞。

2014 年
平台与秩序

这年 3 月，人们关注的热点，是从吉隆坡飞往北京的 MH370 航班突然"失联"。因为机上 239 名乘客大多是中国人。

飞机的下落至今仍然是个谜，事件也因此被冠上了"离弃"的标志。失联或离弃，就是脱开了应有的平台和秩序。

2014 年的中国，开始大幅度地构筑各种平台和秩序。

中国这时已经有 6.3 亿网民，12 亿手机用户，5 亿微博和微信用户，每天信息发送量超过 200 亿条，全球互联网公司十强中，中国占了四家。中国已经成为名副其实的互联网大国，同时也构筑起了互联网发展的可观平台。

互联网龙头企业阿里巴巴，开始寻找未来发展的新平台。9 月，它登陆美国纽约证券交易所，收盘时市值达 2314 亿美元，超出美国两大电商巨头亚马逊和亿贝的总和。

两个月后，第一届世界互联网大会在浙江的乌镇召开。近 100 个国家的政要、国际组织代表、著名企业高管、网络精英、专家学者，共 1000 多人汇聚在千年古镇，商讨关乎人类生产和生活方式变革的未来。乌镇由此成为世界互联网大会的永久会址。中国与世界互联互通的国际平台，国际互联网共享共治的中国平台，就这样搭建起来。

中国与国际互联网实现"全功能连接"20年了。回首来路，它不断带来新的可能。在技术演进背后的网络自媒体时代，也是泥沙俱下。

过量而疾速的信息流通和分享，让很多人变成"信息转换器"，飞快地抓住一个东西，然后飞快地转发出去，很难再去深刻感受、沉静思考。就像强光能让人目盲一样，铺天盖地的信息也可能让人退化，商业利益制造的潮流将人变成既定的附庸，人们自身反而变得面目模糊。人们沉溺在一个看似无所不知、实则充满遗忘的世界。新热点来了，旧事件马上淡出。人们拼命刷屏，生活在对信息的攫取、遗忘、再攫取的怪圈里。

更有一些专业公司通过贴吧、论坛、微博、微信等平台，从事网络推手和营销业务；有的甚至不惜组织策划、蓄意炒作"网络事件"以达牟利目的；被操纵和炮制的舆论常常覆盖了真实的民意，变成牟利和泄愤的途径；拥有粉丝便拥有了话语权，拥有了变现的资本。

网络平台开始了变化。北京朝阳区人民法院审理的"秦火火"一案，让不少人体会到，再小的个体，也有自己品牌；再变幻的空间，也有相应的规则和秩序。自媒体时代，应该沿着这样的逻辑出发，才能使网络空间清朗起来。

举办亚太经合组织领导人非正式会议（APEC），是2014年中国外交的一个高品质平台。出席会议的亚太国家领导人，看到的是中国提议构建的融合、创新、互联的亚太新平台。在这个新平台上，为促进"一带一路"建设，开拓中亚、西亚市场，中国出资400亿美元成立了丝路基金。

随着南海多个岛礁的填海扩建工程初具模样，中国强化了在南海的实际存在，同时也为国际航行提供了优质服务新平台。大幅面全开竖版《中华人民共和国地图》在这年发行，南海海域和岛屿不再作为插图标示，而是与大陆为同一比例尺凸显出来。使用 400 多年的横版地图不再"一统天下"。

中国经济迈上新的平台。这年名义 GDP 跨过十万亿美元大关，但和美国的差距仍然很大。如果以世界第二大经济体和联合国安全理事会常任理事国的身份，中国是可以成为影响国际格局的世界性大国的。中国的想法和做法是，坚持推动构建人类命运共同体。

中国对自己的经济发展拥有了一个新论断，叫进入"新常态"。新常态意味着新平台，在这个平台上，经济发展从高速增长转向中高速增长，发展方式从规模速度型转向质量效率型，发展动力从主要依靠资源和低成本劳动力等要素投入转向创新驱动。

中国的经济发展，在未来一段时期内，将是"L"型走势。"退一步"是为了"进两步"。对一些经济指标回升，不要喜形于色；对一些经济指标下行，也别惊慌失措。淡定从容地生活在经济发展新常态里，是必备的心理素质。

为主动适应和引领经济发展新常态，这年正式确立"三大空间"发展战略。这就是"一带一路"合作倡议、京津冀协同发展、长江经济带建设。与此同时，南水北调中线一期工程正式通水。取自湖北丹江口水库的水源，沿京广铁路线西侧北上，到达北京、天津和河北。

大道至简。这年的改革气象，是通过简化平台来构建新的秩序。天津市成立滨海新区行政审批局，将区属发改委、经济信息委、财政局、环保局等 18 个部门的 216 项审批职责，全部划转到行政审批局，工作人员从 600 人减至 130 多人，废止原用的 109 枚印章，实现"一颗印章管审批"。

印章瘦身的背后既是权力的艰难划转与割让，也是方便群众办事的大善举。

在天津滨海新区行政审批局办事大厅，一个叫郭兰胜的年轻人告诉人们，2008 年在注册自己的餐饮公司时，因不堪忍受艰难繁琐的审批过程，专门找了一家代办公司，用了 20 多天，还花掉六七千元代办费。如今，他依靠新的平台和秩序，一天就办下了新办公司的审批手续。

这年开始的户籍制度改革，全面放开建制镇和小城市落户限制，有序放开中等城市落户限制，合理确定大城市落户条件。目的是引导农业人口有序和合理地向城镇转移，也意味着实行半个多世纪的"农业"和"非农业"二元户籍管理平台，将逐步退出历史舞台。

最大的秩序建构，无疑是部署"全面推进依法治国"。中共十八届四中全会，专门研究法治问题，这在中国共产党的历史上还是第一次。为建设法治中国，现在有了新的路线图。

巡看这张路线图，人们发现一些新的现象。法院的法官和检察院的检察官，开始实行员额制，明确他们要独立办案，谁办案谁负责。如果有人私下打招呼、递条子过问甚至干预案件，都必须如实记录在案。法院改判错案的力度加大，内蒙古自治区高级人民法院对呼格吉勒图故意杀人、流氓罪一案再次判决，宣告呼格吉勒图无罪，国家赔偿也得以落实。公正司法从此有了新的秩序保证。与此同时，公安部实施"猎狐 2014"专项行动，缉捕境外在逃的经济犯罪嫌疑人，先后从 60 个国家和地区抓获外逃经济犯罪人员 428 名。

在国家这个大平台上，也有了不少新秩序。中国人民抗日战争胜利纪念日（9 月 3 日），烈士纪念日（9 月 30 日），南京大屠杀死难者国家公祭日（12 月 13 日），国家宪法日（12 月 4 日），在这年相继设立。还有，全国人大常委会释法，就争论不休的香港普选问题作出决定。香港一些人组织"占领中环"的违法聚集活动，受到香港主流民意反对。特区政府依法处理，恢复了社会秩序。

建设法治中国，还有不短的路需要走。不顾法律和政策，遇事就闹的现象屡屡发生。频频出现的"医闹"就很让人头痛。一些基层干部多少患上"恐闹症"，结果形成小闹小解决、大闹大解决、不闹不解决的恶性循环。一些"闹事"的人也确实出于无奈，正规渠道走不通，不闹问题得不到重视和解决。走出这样的困局，还要靠法治国家、法治政府、法治社会的一体建设，以积累起定纷止争的平台和秩序。

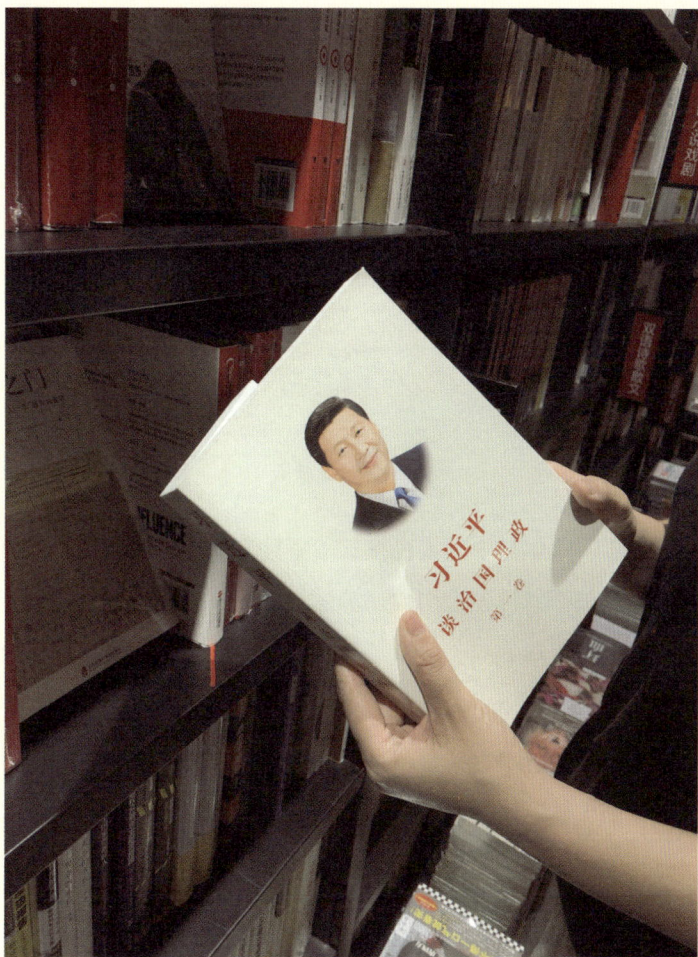

《习近平谈治国理政》（第一卷）于 **2014 年**出版发行。　　瞿中华　摄

2015 年
布 局

这年是中国人民抗日战争暨世界反法西斯战争胜利 70 周年。9 月 3 日那天，通过天安门广场的阅兵方阵，展示出令人耳目一新的布局：第一次组织抗战老同志方队参阅，第一次安排将军担任领队受阅，第一次邀请外军方队参加阅兵。

习近平当天宣布，中国将裁减军队员额 30 万。随后，行进在强军路上的人民军队，开始了一场整体性、革命性的改革布局。这场布局的原则是，军委管总，战区主战，军种主建。

2015 年的中国，在发展上开始了新的布局。

中国企业走出去并购海外公司，出现高潮。这年实施的海外并购项目达到 593 个，累计交易金额 410 亿美元。雄心勃勃大把撒钱背后，也有些隐忧。有的企业在国内并非实力十足，爽约也就难免；一些曾受到高度关注的交易，也无果而终。企业家们开始做明智调整，思谋更加周密的海外发展战略布局。

房地产市场依然故我地迅猛发展着。在一线城市，十万元一平方米的价格比比皆是，一些上市公司的年利润，甚至不足以在一线城市买一套像样的房子。其可能存在的泡沫一直让人心惊胆战。没有买房的人期盼着房价下跌，已经买房的人期盼着继续上涨。多年来房市几经调控，反而一路上扬，促使人们思考着新的谋篇布局。

让人揪心的不光是房地产市场。这年旅游旺季，青岛一家饭店的大虾卖 38 元一只，云南导游嫌游客不愿购物出言不逊，成为舆论的抨击对象。位于天津东疆保税港区的瑞海国际物流有限公司所属危险品仓库发生爆炸，导致 165 人遇难，8 人失联。数十米高的蘑菇云成为天津人心中无法磨灭的印记。

让更多人惊心动魄的，是 A 股市场罕见的大起大落。上证指数从 3000 点附近一路攀升到 5178 点新高，随即急速逆转，直线下跌，沪深两市值蒸发了 24.5 万亿元。

中国的发展确实应该明确新思路、新布局了。

中共十八届五中全会明确了新思路新布局的答案。答案是，牢固树立，切实贯彻创新、协调、绿色、开放、共享的新发展理念，是关系中国发展全局的一场深刻变革。此前，中央还提出全面建成小康社会、全面深化改革、全面依法治国、全面从严治党的战略布局。

为推进这个战略布局，落实新发展理念，2015 年的中国，新招频频。

为形成"大众创业，万众创新"新局面，全国范围内实施了一个叫"互联网 +"的行动计划。通俗地讲，"互联网 +"就是"互联网 + 各种传统行业"。"+"的含义是跨界融合，发挥互联网在生产要素配置中的优化和集成作用，实现创新驱动，提升实体经济的创新力和生产力。本来是代指一种新兴经济形态的"互联网 +"，成为这年的十大流行语之一。

在新布局中，有一个叫王兴的青年人创立的团购网站，终于脱颖而出。王兴自称是"最倒霉的连续创业者"。从 2003 年中断美国的博士课程回国创业，他和他的团队，以平均每两个月淘汰一个创业项目的节奏，不断试错、摸索。去年创办的美团网，在今年终成大器。

社会人口的大布局，是改变实行 30 多年的"只生一个好"的生育政策，明确一对夫妇可生育两个孩子。中国的人口出生率在 1987 年达到高峰后，开始下滑。劳动力人口在 2012 年出现拐点，新增劳动力人口逐年减少。中国发展的"人口红利"明显消退，老龄化社会确确实实地到来了。全面放开二孩生育的新布局，将给人们选择更好的家庭模式带来方便，进而为社会发展创造更多的活力。

布局的要旨，在坚持以人民为中心，补齐发展中的短板。

短板在何处？在农村。

于是，新一轮农村土地制度改革开始布局试点，重点是推行土地所有权、承包权、经营权三权分置。也就是说，土地所有权归集体，把归于农户的承包经营权分为承包权和经营权，在所有权和承包权不变的情况下，土地经营权可以转让，可以用于抵押和担保。这就为鼓励资本进入农村，扩大农民承包地的经济效能，创造乡村振兴的新局面，准备了相应条件。

与此同时，扶贫攻坚战打得轰轰烈烈。几乎所有的机关事业单位和国有企业都被动员起来，选派干部到贫困村去担任党支部第一书记。当地干部也"一对一"明确了帮扶对象，对贫困县的党政一把手，则要求他们全县不脱贫摘帽，就不能调走。

打赢这场扶贫攻坚战，关键在"精准"。谁家是贫困户，要算出细账，不能马虎；在贫困地区上马的扶贫项目，要因地制宜，符合实际；扶贫资金的使用，要有效果，不是把钱花下去就不管了；派往贫困村的干部，要真能够发挥作用；脱贫成效如何，也要精准核算。

至于脱贫的途径，也做了设计。布局是：通过发展生产，诸如搞特色产品或乡村旅游等来脱贫；如果环境恶劣，资源奇缺，索性就让村民搬迁到条件比较好的地方去；属于自然保护地带的贫困村，则给他们相应的生态补偿；改善教育条件，加大技能培训，给贫困地区的人们出外挣钱创造条件；最后，实在是因为缺少劳动力或因大病致贫的，就靠社会保障来兜底。

一个叫刘慈欣的作家写的科幻小说《三体》，获得第 73 届世界科幻大会颁发的"雨果奖"最佳长篇小说奖，引起人们对科幻文艺作品的关注。土生土长的科学家屠呦呦，因为几十年前为创制抗疟药青蒿素和双氢青蒿素的贡献，获得诺贝尔医学或生理学奖。她曾经为提取青蒿素而"尝百草"。在瑞典卡罗林斯卡医学院，她用中文发表《青蒿素的发现：传统中医献给世界的礼物》的主题演讲，传达出满满的正能量。

与此同时，一位影视明星耗资亿元的豪华婚礼，却吸引了更多人的眼球，着实让人唏嘘不已。看来，中国的发展，也需要有新的精神布局。

"多少年的追寻，多少次的叩问，乡愁是一碗水，乡愁是一杯酒，乡愁是一朵云，乡愁是一生情。"中央电视台这年播出的系列片《记住乡愁》，很像是一次精神布局。它记录的是乡愁故事，传达的是不同村落里讲仁爱、倡忠孝、重和睦、守诚信、崇道义、尚勤俭、爱自然这样一些民风民俗，目的是让观众感受中华民族的文化基因和家国情怀。

2015 年 9 月 3 日，中国人民抗日战争暨世界反法西斯战争胜利 70 周年纪念大会在北京举行。图为阅兵仪式上的抗战老兵方队乘车通过天安门广场。

刘占坤 摄 中国青年报社 供稿

2016 年
"诗和远方"

一位音乐人这年写下这样的歌词："生活不只是眼前的苟且／还有诗和远方的田野／你赤手空拳来到人世间／为找到那片海不顾一切。"

"诗和远方"，顿时爆红网络。用它来比喻 2016 年的中国，在意蕴上不算离谱。

全球首个由中国倡议设立的多边金融机构亚洲基础设施投资银行，1月间正式开业。中国的经济开放，扇动起金融这只新翅膀，或将飞得更远。9月，在杭州举办的二十国集团（G20）领导人峰会，以"构建创新、活力、联动、包容的世界经济"为主题，意在为全球经济治理，贡献"大家一起走，才能走得更远"的可行愿景。

奔向远方的中国奇迹，在这年轮番上演：中国首枚大型运载火箭长征五号实现首飞；天宫二号和神舟十一号载人飞行任务圆满成功；由中国科学家自主研制的世界首颗量子科学实验卫星"墨子号"飞入太空；被称为超级"天眼"的 500 米口径球面射电望远镜，在贵州省平塘县的喀斯特洼坑中落成启用，开始接收来自宇宙深处远得不能再远的电磁波。

只要心中有"诗和远方",日子就会过出味道。于是,社交娱乐、资讯阅读、网络购物、旅游攻略、美食烹饪、健身跑步、讲座课程,只要在手机上加载商业应用的各款 APP,人们的生活开始变得方便快捷、多姿多彩。

远方并不再远,有时候它就近在眼前。在一些城市的大街小巷,这年突然冒出红、黄、蓝各种颜色鲜艳的自行车。人们只要在手机上打开 APP,扫码开锁骑上就可以走。这实际上是一种分时租赁的经营模式,好处是解决人们出行时常常遭遇的"最后一公里"难题。因价格便宜,人们称之为"共享单车"。

遗憾的是,也有人把共享单车搬回去当私车用,人为损坏的单车在有的地方堆积如山。看来,任何经营模式的创新,都要经受阵痛,同时也勾勒出一座城市或某个人群的性格剪影。心中没有"诗意",即使有"共享"美名,也骑不到"远方"。有的企业为占据更大市场,超量投放单车,难免使单车闲置或占用太多公共场地。这样的竞争,要到达"远方",注定会经历潮起潮落的坎坷。

与共享单车相似的,还有滴滴出行、共享民宿小猪短租、共享服装租赁"衣二三"、共享办公空间,几乎覆盖了衣食住行各个领域。"共享经济"随即成为时髦话题。所谓共享经济,主要是借助互联网第三方平台,将供给方闲置或存量资源使用权暂时转移给需求方,从而为双方创造价值。

共享经济是上年提出的供给侧结构性改革后出现的新业态。

人们还记得,这两年到日本旅游的不少人,花高价买回一些智能马桶盖,引来一阵惊疑。其实这恰恰反映国内的有效供给不足,人们只好到"远方"购买。提出供给侧结构性改革,意在刺激各种有针对性的有效供给,以拓展新市场、满足人们的新需求。

于是,11 月 15 日出现了这样一个场景:一架携带 10 余公斤重包裹的无人机，从成都郫县鹃城站起飞，八分钟后抵达德源镇永光村，在离地一米处悬停并自动卸货后，返航而去。京东商城就此完成了西南地区首单无人机配送业务。无人机当"快递小哥"，让人们体验到什么是来自"远方"的快捷服务。

互联网上的各种直播平台火了起来，用户人数达三亿，市场规模达150亿元。十多年前不少喜欢唱歌的年轻人想当"超女"，如今不少想表达自我的人，把开直播当"网红"，看成是"诗和远方的田野"。还有，因为提倡"厕所革命"，结果是洁具市场迅猛增长，其中，配有内置式坐浴和其他功能的高端马桶尤其受欢迎。人们的消费目光逐渐从远方拉回到了近处。

塑造"诗和远方"经济业态和现实生活，需要精益求精的"匠人精神"。做电饭煲的，能让煮出来的饭粒晶莹不粘锅；做吹风机的，能让头发吹得干爽柔滑；做菜刀的，能让主妇手起刀落，轻松省力；做保温杯的，能让出行者在雪地中喝到一口热水。这样的极致"匠心"，或许便是一种苦吟的"诗心"。

现实中的"诗和远方"，有时候也让人五味杂陈。

2016年被称为对"P2P"平台的监管元年。全国普遍开展了对互联网金融风险专项整治工作。P2P是通过互联网个人对个人、点对点的一种民间借贷方式。这种金融创新曾让人眼前一亮，其运行平台在去年底达到2595家，全年成交量将近1万亿。随着逾期兑付或经营不善的情况屡屡发生，加强监管势所必然。P2P退潮也将持续一段时间。

夏天，考取南京邮电大学的山东临沂应届高中毕业生徐玉玉，因为被骗9900元而伤心欲绝以致猝死。人们发现，自己在互联网上赶向远方的时候，原来一直是在"裸奔"。你的个人信息都被互联网一一"记录在案"，由此产生电信诈骗这颗社会毒瘤。为切除它，这年头十个月，公安部门便打掉将近 7000 个电信网络诈骗团伙。

为耕种好党员干部心中那片"诗和远方的田野"，中共十八届六中全会，总结几年来全面从严治党的新鲜经验，通过《关于新形势下党内政治生活的若干准则》。《准则》里"不准""决不允许"这样的字眼多达 50 多处。

通过体制手段的创新，反腐风暴在这些年持续吹刮，落马官员在数量上不断刷新纪录。每拿下一个省部级乃至副国级腐败分子，相应的资料也会面向全社会公布，很多贪腐细节，令世人震惊。一个个具体事例在向人们诠释什么是党员干部千万不能触碰的"高压线"。犯事的人谁都不要心存侥幸，没犯事的人谁都不能放松要求。

这年，在纪念中国工农红军长征胜利 80 周年和庆祝中国共产党成立 95 周年两次大会上，习近平说道：每一代人有每一代人的长征路，每一代人都要走好自己的长征路。要不忘初心，继续前进，走得再远，走到再光辉的未来，也不能忘记为什么出发。

这，大概就是诗和远方的真谛所在。

2016 年 9 月 4 日，G20 峰会召开。图为杭州峰会新闻中心。

赵 迪 摄　中国青年报社　供稿

陕西丹凤竹林关古镇。中国乡村在振兴中。

李师东 摄

2016年9月25日，有着"超级天眼"之称的500米口径球面射电望远镜（FAST）在贵州平塘的喀斯特洼坑中落成启用。

欧东衢 摄 新华社 供稿

2017 年
为新时代作注

中国这年的 GDP 达到 12.24 万亿美元，经济规模是美国的 63.28%，大约是日本、德国、英国的 GDP 之和，还是世界第一大出口国和第二大进口国。中国对世界经济增长贡献率，已连续五年保持在 30% 左右，居世界第一位。

这种局面揭示的，是一种鲜活而宏大的历史进程：中国用几十年的时间走过西方发达国家几百年经历的现代化历程，实现了从落后时代到大踏步赶上时代，进而在某些方面开始引领时代的跨越。

如果只能用一个词来概括 2017 年的中国，"新时代"可能是很多人的选择。这年召开的中共十九大，宣布中国特色社会主义进入新时代，确立习近平新时代中国特色社会主义思想为党的行动指南和必须长期坚持的指导思想。新时代，由此成为中国所处历史方位的主题词。

国际上有个专门的代际术语，叫千禧一代，指那些生于 20 世纪末、在跨入 21 世纪后陆续成年的一代。到这年，80 后、90 后的千禧一代都成年了。在中国，这代人大多属于独生子女，伴随着电脑和互联网长大，比上一代人更充满个性，更喜欢直率表达诉求，有灵活的头脑，并娴熟地使用高科技产品来延伸自己的能力。他们事实上已成为改革发展的中坚力量。千禧一代走在了时代前列，何尝不是新时代的降临。

千禧一代的父母，属于 50 后的那代人，大多数都退休了。他们曾经是工人、农民、军人，是下乡知青或待业青年，是改革开放初期为数不多的大学生，是穿着迷彩服在城市里干各种活计的农民工，是摆摊开店的个体户，是大小企业的创业者或下岗职工，是曾经豪情满怀"指点江山"的机关干部或知识分子……

这代人，不寻常。他们从贫困迈向小康，感受到的科技进步最快，驻足的观念"驿站"最多，经历的社会变化最显著，实现的生活跨越最大。小时候，他们推铁环、跳橡皮筋，脑子里装的是"楼上楼下，电灯电话"的梦想。

现在，他们老了。虽然有些抱怨但却真心热衷于照看着孩子的孩子，或者在广场跳舞，在公园唱歌，在街边打麻将，在风景名胜旅游。尤其喜欢在朋友圈里发微信，不厌其烦地给儿女转发来路不明、标题吓人的养生信息，以及一些"心灵鸡汤"类文字，搞得儿女不胜其烦。

他们曾经勤奋地创造了一个时代，如今很希望在余下的日子里活出"新时代的味道"。

新时代的味道，最应该弥漫在老百姓的生活当中。

中国社会消费品零售总额，这年达到 36.6 万亿元，连续 14 年保持两位数增长。社会消费越来越成为经济增长的主要拉动力。

消费时代的到来，自然是花样翻新。中国各地举办的马拉松赛事，仅在中国田协注册的，就从 2011 年的 22 场，暴增到惊人的 1120 场，覆盖了 31 个省区市的 234 个城市，参赛人次近 500 万。看来，跑步不仅是为了健康，也开始成为人们的一种生活方式。

这年上映的电影《战狼2》，票房收入达到56.8亿元，创下1994年有准确票房统计以来的最高纪录。支撑这个票房纪录的，是真实的撤侨背景，激荡的爱国情怀，还有个人英雄主义的浪漫元素。看来，成为新时代注脚的，还有中国人精神消费的变化。

10月，改革开放后第一代民营企业家指标性人物鲁冠球去世了。在最后的时光，他对接班的儿子说：这辈子我够了。鲁冠球这辈子的人生，确实足够精彩。1984年，他就把自己创办的万向企业生产的万向节卖到了美国。十年后，又在美国成立了公司，不出几年销售额便达到20亿美元。如今，美国的三辆汽车中，就有一辆车上有万向集团生产的零部件。这也使得鲁冠球成为中国领导人访美经贸团的常客，创造了四年三度随国家领导人出访的纪录。

正是因为有了鲁冠球这样一大批民营企业家的精彩人生，才有了新时代中国民营经济的精彩风景。到2017年，民营经济给国家贡献着50%以上的税收，60%以上的国内生产总值，70%以上的技术创新成果，80%以上的城镇劳动就业人口，90%以上的企业数量，撑起的何止是国民经济的"半壁江山"。

这里面，不知蕴含着多少企业的精彩故事，多少创业者的精彩人生。在新时代，已经有将近一亿家民营企业和个体工商户，他们机制灵活、贴近市场，抓住创新创业、转型升级的机遇发展了自己。比如，中国目前有超过200万人的快递"大军"，有超过2000万人的微商从业队伍。

出国留学人数在这年首次突破60万大关，持续保持世界最大留学生生源国地位。留学回国人员也达到48.09万人。在新时代，越来越多的出国留学者，愿意成为回国寻找发展机会的"追梦人"。

新时代的中国，常住人口城镇化率已经达到58.25%，每年有超过1000

万农村居民市民化，有 2.8 亿农民工成为产业工人的重要组成部分。创新创业，人口转移的背后，是寻求新的发展机会，积累新的人生精彩。这当然也是新时代的一个重要注脚。

新时代的中国，有一个理论注脚。这就是，新时代的社会主要矛盾，已经从"人民日益增长的物质文化需要同落后的社会生产之间的矛盾"，转化为"人民日益增长的美好生活需要和不平衡不充分的发展之间的矛盾"。

打扶贫攻坚战，就是为了解决这个矛盾。江西省井冈山市、河南省兰考县等 28 个贫困县脱贫"摘帽"，其中便包括习近平 2013 年考察过的湖南省湘西的十八洞村。全村 2017 年的人均年纯收入，从 2013 年的 1688 元增长到 10180 元。村里整合周边自然景观，发展起乡村旅游。有企业还在村里投资生产出了名为"十八洞"的矿泉水。户户通了自来水，无线网络也覆盖全村，村里还有提款机、中国邮政服务点。

时速 350 公里的"复兴号"高铁列车，开始运营，在广袤的大地上为新时代添画出别致的符号。这年，中国高铁延长到 2.2 万公里，占世界高速铁路运营总里程 60% 以上。"四纵"（北京到哈尔滨、上海、香港，杭州到福州）"四横"（徐州到兰州、上海到昆明、上海到成都、青岛到太原）高铁网基本成型，是世界上唯一高铁成网运行的国家。进入"高铁时代"的中国，压缩了城市间的时空距离，让老百姓体验到新时代经济动脉所焕发出的无限活力。

不少具有划时代标志的科技和建筑工程井喷式涌现：世界首台光量子计算机原型在中国诞生；国产大飞机 C919 实现首飞；在南海成功试采"超级能源"可燃冰；世界上穿越沙漠戈壁里程最长的北京到新疆的高速公路，全线贯通；世界首条量子保密通信干线"京沪干线"开通；第二艘也是首艘由中国自主设计建造的航空母舰下水……"大国崛起"，或许是新时代中国最直白的注脚。

这年还推出一项划时代的举措——在河北省设立雄安新区。这个新区的建设，被定为千年大计，绝非一蹴而就。但它多少是新时代中国走向未来的一个注脚。

进入新时代的中国共产党，自身建设的风景颇为可观。

在召开中共十九大的时候，人们读到这样一组数据。五年来，立案审查的省部级和部队军级以上干部，以及其他中管干部，有 440 人；立案审查的厅局级领导干部 8900 多人，县处级干部 6.3 万人，处分村党支部书记和村主任 5.8 万人。全国市、县、乡换届中，有 9300 多名干部因为审查不过关被拦了下来。

这组数据背后，关联着新时代中国人的信心。一部叫《人民的名义》的电视剧，异常"火爆"。这部大尺度聚焦反腐败的作品，实际上是为新时代党的建设成就和中国人的信心，作了一个艺术化的注脚。

为新时代中国的国际身影作注脚的，是在北京举行的"一带一路"国际合作高峰论坛。从 2013 年提出"一带一路"合作倡议以来，中国已与 100 多个国家和国际组织签署共建"一带一路"合作文件，其中多边或双边自由贸易协定有 16 个。中外经贸领域的自由化水平大幅度提高。"一带一路"已经从理念转化为行动，从愿景变为现实。从曾经的驼铃阵阵、舳舻千里，到如今的列车风驰，巨轮劈波，"一带一路"之所以展现出强大吸引力和感召力，不仅是因为赓续千年的丝路精神，更在于共商共建共享、互利共赢的原则。

11 月 11 日出版的德国《明镜》周刊，在其封面文章中说，"中国崛起正在改变世界"，而"我们短暂的注意力被浪费在了每天关注白宫最新发生的尴尬事件上，这妨碍了我们看到源自中国的划时代的转移"。

两天后出版的美国《时代》周刊，封面文章叫《中国经济是如何做好赢得未来的准备的》。里面说，五年前西方预言，中国一定会按西方的理念改革，否则无法在全球自由市场中生存，"如今，中国的政治和经济制度已经更为完善"。

这算不算是来自西方舆论的，对新时代中国作的一个注脚呢？

2017 年 7 月 30 日，庆祝中国人民解放军建军 90 周年阅兵在内蒙古朱日和联合训练基地举行。

赵　迪　摄　中国青年报社　供稿

2017 年 12 月 15 日，国家游泳中心"水立方"。北京 2022 年冬奥会会徽"冬梦"、冬残奥会会徽"飞跃"正式亮相。

刘占坤　摄　中国青年报社　供稿

2018 年
"大的样子"

2018 年，中国共产党已经有 8900 多万党员，相当于整个德国的人口。其规模和事业之宏大，在全世界绝无仅有。习近平说，"大要有大的样子"。"大的样子"，就是肩负为中国人民谋幸福，为中华民族谋复兴的大使命、大担当，面临各种挑战、风险和难关，有大作为、大定力。

2018 年也是中国的改革开放 40 周年。改革开放让将近 14 亿人口的中国，成了综合国力排在世界前列的大国。大国，自然也有"大的样子"。

围绕"大的样子"，2018 年的中国开始算账了。

10 月，中国算了两笔大账。

国务院第一次向全国人大常委会报告国有资产的家底，包括国有企业、国有金融企业、全国行政事业单位，共有资产 454.5 万亿人民币。

国务院扶贫办宣布，陕西延长县等 85 个贫困县（市、区）摘掉贫困帽子。打响脱贫攻坚战以来，脱贫摘帽县总数达到 153 个。预计到年底，全国将有一半的贫困县实现脱贫。改革开放以来，有七亿多人口先后摆脱贫困，是世界上减贫人口最多的国家。

还有一组数据，反映出改革开放 40 年来社会模样和人民生活的跃进式变迁。

从 1978 年到 2017 年，全国城镇人均可支配收入由 343 元增加到 36000 多元，农村居民人均纯收入由 134 元增加到 13400 多元。基本医疗保险、社会养老保险从无到有，分别覆盖 13.5 亿人和 9 亿多人。城乡免费义务教育全面实现，高校毕业生从 1978 年的 16.5 万增长到 2017 年的 820 万。

不是专业的读者，以上数据可忽略不看。但应记住的是，枯燥的数据，事实上是对"大的样子"的一个准确压缩。

"大的样子"，从何而来？

来自改革。2018 年给人们印象很深的，是从中央到地方，各级党政机构和事业单位，雷厉风行地开始了重塑性改革。不少机构或撤销或合并或转隶，像人们熟悉的国家工商行政管理总局没有了，没有听说过的退役军人事务部、应急管理部这样一些部级机构出现了。工作岗位的进退留转，涉及的公务员就更多了。

与此同时，建立企业职工基本养老保险金的中央调剂制度，使全国统筹养老保险迈出坚实一步；为适应新兴经济业态，新设了上海金融法院，北京知识产权法院，北京、广州互联网法院等；个人所得税的起征点，也从 3500 元提高到了 5000 元。考虑到不同纳税人的家庭实际生活负担不同，国家还从子女教育、大病医疗、赡养老人、住房贷款利息和租金等项支出中，扣除相应的数额后再起征个人所得税。

这些新的制度设计，有助于促进国家治理体系和治理能力的现代化。改革，必然要经历从激烈博弈到逐步均衡的过程。中国的发展难题很多，但并非无解。只有通过改革，才能破解难题，释放活力，进一步成就中国大的样子。

企业家的成长，民营经济的发展，为构筑中国"大的样子"，功不可没。但民营经济的发展这两年遇到的困难有目共睹，有人比喻，是被"市场的冰山""融资的高山""转型的火山"这"三座大山"挡住了去路。困难在于，内外市场环境发生了变化，产业转型和环保要求升级，土地人力叠加成本上升，债务压力陡增而融资支持偏弱。有客观原因，也有包括政策落实不到位等主观原因。

11 月 1 日，习近平主持召开民营企业座谈会，明确提出六条具体举措，来帮助民营经济跨越"三座大山"。他说，"民营企业和民营企业家是我们自己人"，因此，民营经济"只能壮大、不能弱化"。毫不动摇地鼓励支持引导非公有制经济的发展，是不会变也不能变的制度设计。

"大的样子"，来自既"引进来"又"走出去"，与世界经济发展潮流深度融合的开放国策。这年中国，拥有特别的开放气度。

首先呈现在人们眼前的，是中国升级的开放版图。从五年前创设上海自由贸易试验区，到 2018 年，已经设立了 12 个自由贸易区。上海、广东、福建、天津、浙江、辽宁自贸区，串起了沿海开放的新窗口；河南、湖北、重庆、四川、陕西自贸区，塑造着内陆开放的新高地；而海南岛全岛开放，设置自由贸易港政策和制度体系，将释放出高水平的制度创新带来的"开放红利"。

这年公布的外商投资准入的"负面清单"，比此前的 63 条减少了 15 条，在 22 个领域大幅度放宽外商投资准入，外资进入银行、证券、电网和铁路干线路网建设等限制将逐步取消。许多进口商品，包括人们关注的进口汽车，也大幅度降低了关税。

2018 年的世界贸易，危机四伏。面对美国贸易保护主义的进攻，11 月在上海举办的中国国际进口博览会，带给世界一阵惊喜。有 80 多个国家和国际组织参与了国家展，130多个国家的3000多家企业参与了企业展。

在世界经济史上，还没有哪一个国家独立举办过以进口为主题的博览会。人们大都认为，贸易出口能更好地带动本国经济，而进口则要担当责任，要有能力，有市场，有国民的消费需求。中国举办如此大规模的进口博览会，不仅为外国产品进入中国搭建了重要平台，也为世界各国开展全球贸易提供了新的选择，体现了维护贸易自由和经济全球化的大国担当，当然，也体现了中国"大的样子"。

再看看"走出去"的风景。

"一带一路"建设，是中国"大的样子"，在世界经济舞台上投下的身影。中国同"一带一路"相关国家的货物贸易额，累计超过5万亿美元，对外直接投资超过600亿美元，先后在"一带一路"沿线国家建设了82个经贸开发区，为当地创造超过24多亿美元的税收和20多万个就业岗位。引人注目的中欧班列累计开行超过1.1万列，通达欧洲15个国家44个城市。一大批重点合作项目受到关注：中巴经济走廊、瓜达尔港、中泰铁路、匈塞铁路、雅万高铁……

有人批评说，中国在非洲投资建设，扮演着后殖民霸权角色。

事情果真如此？作为"一带一路"建设组成部分，中国帮助肯尼亚修建了全长470公里的铁路。在首都内罗毕到港口城市蒙巴萨列车的始发仪式上，肯尼亚总统肯雅塔说："100年前英国人创造了历史，他们在这个国家搞殖民，修了一条哪也去不了的铁路，被称作'疯狂快线'……今天我们庆祝的绝不是'疯狂快线'，而是将塑造肯尼亚未来100年的'马达拉卡快线'。""马达拉卡"，在斯瓦希里语中是"自由"的意思。

共建一带一路的倡议，源于中国，但机会和成果属于世界。中国不打地缘博弈的小算盘，不搞封闭排他的小圈子，不做凌驾于人的强买强卖。

这是"大的样子"的本来气度。

成就中国之大的，还有科技这个"第一生产力"，人才这个"第一资源"。

除北京、上海、广州、深圳早已占据人才优势外，南京、武汉、成都、天津、西安、长沙、海南等地，这年纷纷出台力度空前的措施吸引人才。于是，从送户口、送房补，到发放高额专项补贴、免费租借办公区、提供永久居留权，"抢人大战"，盛况空前。最后，连上海、北京这样的特大城市，也坐不住了。为了扭转人才"逆差"趋势，上海对北京大学、清华大学的毕业生，也使出了送户口的"杀手锏"，一时引来社会舆论的议论纷纷。

互联网的发展，是中国"大的样子"的重要标志。互联网领域总是不断上演着变局大戏，看谁能够始终挺立潮头去创新，把自己做大。在第二季度，中国的华为超越苹果，成为全球第二大智能手机厂商。与此同时，一批全新社交媒体的崛起，开始挑战微博、微信等老牌社交媒体的"江湖地位"。诸如做内容分发的"今日头条"，短视频APP"抖音"和"快手"，网络直播平台"虎牙"和"映客"，以及社交电商"拼多多"。这些"小巨头"强势增长，市值向数十亿美元乃至百亿美元的关口挺进。

互联网领域很重要的创新，是用于创建去中心化数据库的"区块链技术"。因具备分布式、防篡改等特性，区块链技术已逐步被应用于数字资产、物流信息、法务存证、支付清算等各个行业。3月，区块链公司数量已达456家。有人说，区块链技术将给人们在网络上处理信息的方式带来革命性变革。

"刷脸"走进无人超市，对着商品微笑就能打折；复杂的病症摸不着头脑，远程语音问诊帮你推荐就诊科室；来到智慧餐厅，只需扫码，就会有机器人端来饭菜……11月在乌镇举办的第五届世界互联网大会上，互联网、大数据、人工智能等现代信息技术，不断取得突破，让人感叹，数字经济将越来越和社会生活的方方面面"亲密接触"。于是，大家在乌镇共议"创造互信共治的数字世界"，商讨"携手共建网络空间命运共同体"。

2018年的中国，大还大在对港澳台地区的包容性发展。为使港澳台同胞共享国家发展机遇，9月间，这三个地区在内地学习、创业、就业和生活，符合条件的人，可以申请办理港澳台居民居住证。有了这个居住证，在内地可以依法享受劳动就业、参加社会保险、缴存提取和使用住房公积金等。在日常生活中，还能实现与大陆居民身份证的无差别体验，比如，可以在网上直接刷取预订的火车票或飞机票。在北京创业、就业的台湾青年，符合条件的还可以申请公租房。

也是9月，广深港高铁香港段正式运营。从九龙到深圳，车程只需19分钟，香港网友说，屁股还没有坐热，就到内地了。如果再乘车北上，也只需要九个小时，便到了北京。

进入10月，又一项"世纪工程"，全长55公里的港珠澳大桥全线开通运营。一直以来，珠江西岸与香港之间因伶仃洋（没错，正是文天祥写过"惶恐滩头说惶恐，零丁洋里叹零丁。人生自古谁无死，留取丹心照汗青"的那个"零丁洋"）相隔，拉远了香港和珠海、澳门的距离。摊开新版珠江三角洲区域地图，港珠澳大桥的出现，打通了粤港澳大湾区的道路交通网。香港到珠海、澳门的车程由3小时缩短到45钟左右，使这片拥有6000万人口的土地，形成了"一小时生活圈和工作圈"，为粤港澳大湾区更具活力的发展打开了无限可能。

有人说，港珠澳大桥是桥梁建设中的"珠穆朗玛峰"，有人说是"现代世界七大奇迹"之一。"它就像一条巨龙，漂浮在海面之上，画出一个优雅的弧形，超出人类的想象力。"德国《世界报》对港珠澳大桥的报道，更像一段散文诗。而中国人则把它比作圆梦桥、同心桥、自信桥、复兴桥。

"有华人的地方，就有金庸的武侠。"在港珠澳大桥通车不久，金庸的去世，唤起几代人的文化记忆。金庸在现代阅读氛围中，把武术、武德、武林与哲学、历史、政治以及侦探、爱情融为一体，创造了一个有血有肉的江湖，一群有情有义的侠客，彰显了一种有担当有家国情怀的价值观。他的小说风靡全球华人，被拍成100多部影视作品。连邓小平，也是一个"金庸迷"。有网友这样悼念金庸："江湖已远，侠义永存"；"侠之大者，为国为民"。

中国"大的样子"，是靠不断提升的文明素质构筑起来的。

初春，生活在北京的一个出版社编辑，在地铁上偶然发现一名青年在读一本《禅与摩托车维修艺术》，顺手拍下他读书的照片。此后四个多月时间里，她在上下班的地铁上，陆续拍下百余位读者。媒体报道了她的"地铁上的读书人"系列，被争相转载。有老人在拿着放大镜看太宰治的《斜阳》，有大腹便便的中年男子在读《文明的冲突与世界秩序的重建》，还有"愣头青"用电子阅读器读《毛泽东传》。夏天，北京的《新京报》，还组织了一场叫"大国大民·改革开放40年40本书"的评选活动。

明星演员的畸高片酬，以及连带牵扯出来的是否如实纳税的问题，因为一个大学教授的爆料，成为广泛的社会话题。

凑巧的是，7月，总投资达到7.5亿元人民币的"大片"《阿修罗》，刚上映两天就宣布撤档，原因是舆论对它的评价比较负面。作为魔幻片，它充满特效、IP、明星、玄幻、奇观等时髦元素，但就是没有跨过"讲故事"的基本关口。

看来，想靠一两个明星带票房，或者指望某个新奇元素创造奇迹的电影时代，就要过去了。中国观众对电影内容的识别能力在增强，文化和审美品位在提高。他们爱看接中国人地气的作品，好莱坞电影在中国电影市场上，也逐渐失去了曾经的魔力。

到 7 月，中国内地这年上映的票房超过 30 亿的六部影片，全部是国产片。排在首位的《我不是药神》，讲述的是一个小药店老板从印度走私仿制药，销售给中国癌症患者的故事。恰巧，从 5 月 1 日起，中国实际进口的全部抗癌药品，实现了零关税。这对癌症患者来说，真是个天大的好消息。

推动构建人类命运体，做全球治理变革进程的参与者、推动者和引领者，并且信守条约承诺，成就了中国"大的样子"。

国际交往离不开条约和协定。目前所知世界上最早的条约，是公元前 1296 年埃及法老与赫梯国王订立的同盟条约。1648 年的《威斯特伐利亚和约》规定，神圣罗马帝国皇帝将其权力下放给西欧各个封建王国，由此出现主权国家的概念，成为近代国际体系的开端。

从新中国成立到 2018 年，中国对外缔结了约 25000 多项双边条约协定，参加了 500 余项多边条约协定的签署。有人统计过，现在一个大国与其他国家缔结的条约协定数目，平均每天超过 1 个。仅 2017 年，中国对外缔结的涉及贸易、投资、科教、文化、环境等各类条约协定或合作文件，便达到 500 多项。2018 年召开的中非合作论坛北京峰会期间，中国就安排了 42 场签字仪式，签署条约及其他合作文件近 150 份。

签订各种条约协定，见证了中国大起来的步伐，使中国在国际体系中扮演的角色，从"旁观者"变为"参与者"，进而成为构建人类命运共同体的积极"推动者"和"贡献者"。条约规范的对象也不断扩展，从南极到北极，上至外空下达洋底，大到维护和平，小到保护稀有物种，涉及政治经济文化社会生态各个方面。

签订条约协定是一回事，能不能遵守是另一回事。一个负责任大国的形象，根本上是靠能不能遵守条约协定塑造起来的。中国在国际事务中一贯遵诺守信，被称为"模范生"，赢得国际社会尊重。反观美国，因为既大且强，就有些任性。这两年频繁"退群""废约"，引发国际社会忧虑。

中国"大的样子"，还被放在了"世界百年未有之大变局"的天秤上来衡量。

目前世界的变局之大，在于技术革命中的智能浪潮，正在以前所未有的速度，改变着人类的运行逻辑和国家治理方式；在于新兴发展中国家的分量，让几百年来一直占据世界舞台中心的西方国家，觉得需要调整其国际战略了；在于不少国家特别是西方国家民粹主义和贸易保护主义盛行，逆经济全球化趋势上扬；在于 20 世纪人们预言的，"21 世纪将是太平洋的世纪"这个趋势，越来越明显了。

变局带来不同力量的加剧博弈，也意味着还没有形成定局，是个变数。这年搅动中美两国人心、引起世界普遍担忧的中美两国贸易争端，就是这样的变局。

在这场变局中，中国"大的样子"，在于它拥有顺应时代潮流的大局观，体现出罕见的信心和定力。美国发动这场贸易战，明面上的理由，是中国对美贸易的顺差，让他们觉得吃了亏。人们心里清楚，根本上是因为你在经济体量上的增长，不仅使别人觉得在经济上不合算，在其他方面似乎也不合预期，感觉不舒服。看待你的眼光，以及对中国提出的要求，与中国的竞争态势及其博弈手段，对中国诉求及发展前景的疑惧和防范，都日益复杂和尖锐起来。其表现形式尽管大多是贸易争端这类战术性骚动，但实际上是一种战略性焦虑。

中国的态度很明确，要力争在大变局中前行而非倒退。于是，人们看到，面对"逆全球化"趋势袭来，中国在 2018 年的改革开放举措，维护经济全球化的力度，似乎比以前要"来得更猛烈一些"。门，不仅没有关上，反而开得更大了。

这是一种大的清醒，大的从容，大的选择。

总归是大在自信，大在定力。

中国作为发展中大国，注定面临着解决不完的问题。"大的样子"，不仅在于气势之壮、目标之大，也在于挑战之巨、风险和困难之大。在走向未来的过程中，那种风雨无阻的壮阔行程，也会呈现出"大的样子"。

2018 年 8 月 31 日，上海浦东。 陈 剑 摄 中国青年报社 供稿

2019 年
在路上

　　新年头天晚上，习近平在新年贺词里说道："这个时候，快递小哥、环卫工人、出租车司机以及千千万万的劳动者，还在辛勤工作，我们要感谢这些美好生活的创造者、守护者。"国家主席和正在工作路上奔忙的普通劳动者，心是相通的。

　　新时代中国，许多人的劳动方式发生变化，出现各种新的就业生态，诸如开滴滴、送外卖、做代驾，更有习近平专门谈到的满大街可见的"快递小哥"。2019 年初，根据美团发布的《2018 年外卖骑手就业报告》，有270 万骑手在美团外卖获得收入；苏宁发布的《2018 年快递员群体洞察报告》表明，物流全行业有超过 300 万的快递员；在滴滴出行平台获得收入的人，甚至达到上千万人之多。这类工作方式相对自由，收入也不算低，只要够勤快，在一二线城市，月均收入在 5000 元以上，而滴滴司机的月均收入则可达到 7000 元以上。

　　劳动者们的付出，更让人心生敬意。正好是元旦这天，在河北省邢台市临西县老官寨倪庄村，不少奔驰在各地的货车司机前来为他们的同行倪万辉送葬。几天前，倪万辉夫妇在前往西藏送货的路上，在某短视频平台上直播了一起吸氧的画面，还配有文字感叹："青藏线不易。"直播停止后，好友发现他们的定位长时间没有移动，最终选择报警。一时间，这段视频的点击量超过 900 万，大量网友的留言，送出对普通劳动者在路上奋斗的温暖。

2019 年，中国在路上的故事很多，可先从起势不凡的太空说起。1 月，北斗三号卫星基本系统完成建设，其服务范围由区域扩展到全球，已走进"一带一路"的众多国家，使人类各个角落的联络之路不再遥远。北斗三号采用了很多新兴技术，例如构建卫星之间互相联系的星间链路系统，可以让卫星互相"打电话"，使卫星定位精度处于全球先进水平。

在路上的中国还"走"到了月球背面。1 月 3 日那天，嫦娥四号探测器在月球背面成功着陆。它传回来的第一张影像图，揭开已经形成 45 亿年左右的月球背面的神秘面纱。因为屏蔽了来自地球的无线电干扰，那里始终是寂静之地，没有任何信号和探测器到达过。要控制着陆器和月球车，只能通过此前中国发射的绕月球轨道运行的专用卫星"鹊桥"中转指令和数据。嫦娥四号还搭载了土豆、拟南芥、油菜和棉花种子，以检验能否在月球表面低重力条件下的封闭环境中生长。1 月 15 日发回的照片显示，棉花种子已经长出了嫩芽。中国人还给"走"出嫦娥四号的月球车起了一个温馨的名字，叫"玉兔二号"。接下来，它将身临其境地搜集着陆区域的地形地貌和地质结构等方面的数据。

探测月球，是为了维护好人类生存的地球。春节期间放映的科幻电影《流浪地球》，讲述了人类和地球在路上惊心动魄的故事。由于太阳迅速扩张，将要毁灭地球，人类决定带着地球在宇宙中流浪，寻找新的太阳系。不久，人们发现地球又将与木星相撞，最后被一名中国年轻人及其宇航员父亲拯救了。这部影片在中国大陆上映 66 天便获得 46.54 亿元的票房收入。它不仅标志着中国电影工业体系正走向成熟，也表明中国电影开始聚焦人类命运共同体的价值观。人类和地球始终相伴在路上，那是我们永远的家园。

在新时代中国的前进路上，曾飞来一些意料之外的"黑天鹅"，也跑来一些意料之内的"灰犀牛"。"黑天鹅"可以敦促我们改变现状，"灰犀牛"则表明我们期待的有准备的改变已经发生。改变能警醒人们，世事未必如愿；也能激励人们，行动刻不容缓。

美国发起的中美贸易冲突，依然是 2019 年中国乃至世界都极具流量的焦点。中国依然淡定从容，因为这是新时代中国在路上的必然遭遇，是新兴国家由大而强必然经历的风险和挑战。于是，人们把这场路上的遭遇当作一次"压力测试"。

这一测试，无意中为走在网络通信基础设备研发前列的中国华为公司，做了无论花多少钱都换不来的全球大广告。尽管美国对华为极限施压，还满世界游说不要用华为产品，但从华为老总任正非数度接受媒体的采访言论中，人们看到的是理性和自信。华为站住了，并且会继续发展，这使更多的中国人接受了一种观念上的洗礼：在引进高新技术上不能抱任何幻想，如果核心技术不能自主可控，人家会随时卡你脖子。华为的抗压能力来自罕见的开放胸襟，来自永远在路上的研发投入和开拓前行。

中美关系的复杂性超出了人类历史上大国关系的经验，这个过程注定漫长和充满煎熬。但是，在百年未有之大变局时代，已经没有任何外部力量能够主导中国的命运。中国始终明白一个道理：一切都要靠把自己的事情做好，无论改革还是开放，无论大事还是小事。

6 月 6 日，中国移动、中国联通、中国电信和中国广播电视网络有限公司正式获得 5G 牌照，标志着 5G 网络商用正式开始，中国进入让人充满想象的 5G 时代。5G 网速有多快？下载一部 10 个 G 的视频仅需 9 秒。5G 对人们生产生活之路的改变，当然不只在速度。

在路上起起伏伏的中国资本市场，7 月间增添一道新风景：意在支持高新技术和战略性新兴产业的"科创板"，在股票市场开市。这是实施创新驱动发展战略、深化资本市场改革的重要举措。与现行的主板、创业板、中小板相比，科创板还实行了从审批上市制到注册制、严格退市制度、简化退市流程等方面的改革。

这年，中国踏上一条更宽阔和更深刻的开放之路。3 月间的全国人民代表大会通过的《外商投资法》，对所有的外资企业实行准入前国民待遇加负面清单的管理制度。也就是说，外商投资企业将不再需要经过专门的审批，只要经营行业不在负面清单之内，就可以注册登记，中国企业什么待遇，它就有什么待遇，可以公平参与政府采购活动。这年，中国还发布了外商投资准入更新后的负面清单，减少了负面清单上的 8 项条目，意味着更多的行业领域扩大了对外国企业的开放程度。

在改革开放路上的中国，走得很有气魄。2 月间公布的《粤港澳大湾区发展规划纲要》，在广东 9 个城市、香港和澳门两个特别行政区，吹响了向世界级城市群进发的号角。和纽约、旧金山、东京世界三大湾区比较，粤港澳大湾区的奇特之处在于，它是在"一个国家、两种制度、三个关税区、三种货币"的特殊条件下起步的，其涵盖面积相当于克罗地亚，拥有约 7000 万人口，超过英国。如果将它看成一个单独的经济体，其经济总量将进入世界前 15 位。

上年开始的党和国家机构改革，到这年上半年便全部到位，体现出改革路上雷厉风行的风格。这场改革，在中央层级涉及 80 多个部门，180 多万人，调整优化了 31 个部级机构，核减部级机构 21 个，精减内设机构 107 个，取消了 58 个正副部长、25 个部长助理和 274 个司局长岗位。31 个省市自治区，也相应减少 1501 个厅局级党政机构、5362 个处级党政机构。

改革之路，也是民生发展和社会建设之路。2019 年，走在这条路上的人们，感受到更多的进步细节——

国家上年为企业和个人减税降费 1.3 万亿元人民币，使 2019 年上半年的消费增长对经济增长的贡献率突破 60%，靠内需拉动经济发展的势头开始形成。10 多亿手机用户终于能够"携号转网"了，可以保持老号码更换新的运营商，再也不用群发"本人手机号码已更换"之类的信息。随着《电子商务法》的实施，以前游走在灰色地带的微商和代购们，开始了规范化经营，用户也不至于被"朋友"坑了无处讨公道。上海率先对垃圾处理强制分类，网上传播的一个段子反映了市民对垃圾分类最初的迷茫，"猪吃的垃圾是湿垃圾，猪不吃的是干垃圾，猪吃了会死的是有害垃圾，可以拿去换猪的是可回收垃圾。"其他 46 个重点城市也纷纷为垃圾强制分类做准备，这将是提升居民环保观念、改变人们生活习惯的长过程。国家实行第 9 次特赦，和以往相比，这次特赦对象新增加了中华人民共和国成立后，为国家重大工程建设做过较大贡献并获得省部级以上"劳动模范""先进工作者""五一劳动奖章"等荣誉称号、系现役军人并获得个人一等功以上奖励、因防卫过当或者避险过当被判处三年以下有期徒刑、丧偶且有未成年子女或者有身体严重残疾生活不能自理的子女确需本人抚养的女性，这些条件，传递出满满的正能量和人道关怀。

作为新时代中国道路的引领者，中国共产党在 2019 年的自身建设，也深入到更多的细节处。全党开始进行"不忘初心、牢记使命"主题教育。安徽省阜阳市在脱贫攻坚上搞形式主义和官僚主义，受到全党通报。该地要求道路两侧树木刷灰、墙体刷白，虽没有向农民要钱，但村民还是不解，有人说："本来我家窗子干干净净的，他们喷墙把我家窗子喷得都是白漆，上面一检查不合格，又派来工程队刮窗子。一年又刷又刮来了 4 次，这不费钱吗？"有个区的扶贫工作领导小组办公室，预算 60 万元做一部脱贫摘帽的"宣传片"。人们认为，这无非是想把这些年扶贫成绩展示一番，可无论从现实还是常识角度看，还没有脱贫的地区，真的需要宣传片来展示脱贫办法吗？还有，中央决定把 2019 年搞成"基层减负年"，定了些硬杠杠。比如，要层层大幅度精简文件和会议，明确发给县级以下的文件、召开的会议要减少 30% 至 50%；中央印发的政策性文件原则上不超过 10 页，地方和部门也要按此从严掌握。

这年 7 月，走了 5000 年文明道路的中国，又有一方脚印被联合国教科文组织世界遗产委员会列入《世界遗产名录》，这就是位于杭州市区西北部的"良渚古城遗址"。良渚古城是 5000 年前中国最大的都城，是分布在钱塘江流域和太湖流域的良渚文化的代表。良渚文化距今 5300 至 4500 年左右，那时，农业已率先进入犁耕稻作时代，普遍使用石犁、石镰。手工业趋于专业化，一些雕琢复杂而精美的大型玉礼器的出现，揭示出中国礼制社会的序幕。贵族大墓与平民小墓的分野，显示出社会分化的加剧。玉器和陶器上还出现了不少刻画的符号，是早期文字雏形，比甲骨文早 1000 至 2000 年。

也是在 2019 年，北京在召开第二届"一带一路"高峰论坛之后，又举行了亚洲文明对话大会，主题是"亚洲文明交流互鉴与命运共同体"。中国美术馆举行的"亚洲文明联展（艺术展）：大道融通——亚洲艺术作品展"，一件来自以色列的两个人面对面席地而坐的雕塑引人注目。二人目光对视，无数丝线将两者连接在一起，表达出平等的交流、多维的联系与深刻的交融的寓意。亚洲的文明底色让这片土地上的人引以为荣，世界 2/3

的人口、1000 多个民族、47 个国家聚集于此，成为多种文明和谐共生的代表性地区。中国和亚洲各国，有条件成为多种文明互鉴交融的示范性地区。

新中国的脚步，是从 70 年前的 1949 年迈起的。往回看去，那年的中国，是当时世界上最贫穷的国家之一。根据联合国"亚洲及太平洋社会委员会"的统计，那年中国人均国民收入 27 美元，不足整个亚洲平均 44 美元的 2/3，不足印度 57 美元的一半。2019 年上半年，中国大陆居民人均可支配收入 15294 元人民币，全年超过 3 万元人民币，达到 4500 美元，是可以确定的。也是从 2019 年起，中国向联合国缴纳的会费和国际维和摊款的份额，分别达到 12% 和 15.2%，成为仅次于美国的第二会费"大户"。舆论认为，这体现了大国担当，也表明中国的发展进步和国际影响力的上升。

2019 年的中国还在路上。成立 70 周年的新中国还在路上，而且永远在路上。在路上，就有风景，也有坎坷。有能力的人走得快，能带来骄傲；有定力的人走得远，能实现目标；更重要的是，只要路走对了，谁都不怕远。

2019 年 8 月 15 日，北京中信大厦，又名"中国尊"。 李师东 摄

2019 年 8 月 31 日，北京天安门广场。 叶鹤荣 摄

后 记

1949 年中华人民共和国成立后，中国人便习惯把自己的国家称作新中国。

"新中国"这个说法，早在 1902 年就出现了。那年，梁启超在《新小说》创刊号上发表小说《新中国未来记》，以倒叙方式描绘 60 年后的中国模样。也是在这一年，梁启超还率先使用了"中华民族"这个概念，无意中，把中国的未来和中华民族的命运联系在了一起。

未来的新中国将会是什么模样呢？无独有偶，一位叫陆士谔的文化人，紧随梁启超之后，发表幻想小说《新中国》，里面甚至设想到黄浦江大桥、浦东开发和上海地铁这样一些在今天已经完全做到的事情。

从想象到现实的延伸逻辑，竟这样奇妙，这样有味道。

新中国成立 70 周年了。70 年的历史进步和社会变化，早已实现并且超越了前人的执着想象。新中国将"新"在哪里？摆在后人面前的问题，是怎样把新中国之"新"，呈现得更为清晰，更有历史感。

新中国前行的步伐，既以波澜壮阔的宏大叙事展现在人们面前，同时也会分解成每一代人和各种不同群体的具体故事及感受。本书把这两方面结合起来，为每个年度找出相应的主题词，采用年度纪事的方式来描述。尝试这种新的写史角度，是希望有益于人们更真切地辨析，新中国一步步走到今天的历史脚印。

陈　晋

2019 年 7 月 15 日

（京）新登字083号

图书在版编目（CIP）数据

新中国极简史: 1949至2019的年度故事 / 陈晋著. — 北京: 中国青年出版社, 2019.8

ISBN 978-7-5153-5799-7

Ⅰ.①新… Ⅱ.①陈… Ⅲ.①中国历史－现代史－编年体－1949-2019 Ⅳ.①K270.43

中国版本图书馆CIP数据核字（2019）第190927号

本书图片经新华社、中国青年报社、中国青年杂志社授权

得到著名摄影师钱嗣杰

和石少华、侯波、杜修贤亲属的大力支持

特此致谢

策　　划: 李师东
责任编辑: 李师东　王飞宁
书籍设计: 瞿中华

出版发行: 中国青年出版社
社　　址: 北京东四12条21号
邮政编码: 100708
网　　址: www.cyp.com.cn
门 市 部: 010－57350370
编 辑 部: 010－57350501
印　　刷: 北京科信印刷有限公司
经　　销: 新华书店
开　　本: 710×1000　1/16
印　　张: 23.5
字　　数: 250千字
册　　数: 70001－90000册
版　　次: 2019年9月北京第1版
印　　次: 2021年5月北京第5次印刷
定　　价: 65.00元

本图书如有印装质量问题，请凭购书发票与质检部联系调换

联系电话: （010）57350337